죽고 싶은 당신에게
BewhY 가라사대

죽고 싶은 당신에게
BewhY 가라사대

오석환 지음

카리스
아카데미

죽고싶은 당신에게: BewhY 가라사대
2025년 8월 15일 발행

지은이 | 오석환

발행인 | 이창우
기획편집 | 이창우
표지 디자인 | 남상은
본문 디자인 | 이창우
본문 그림 | 류요한
교정·교열 | 지혜령, 이창우
펴낸곳 | 도서출판 카리스 아카데미
주소 | 세종시 시청대로 20 아마존타워 402호
전화 | 대표 (044)863-1404(한국 키르케고르 연구소)
편집부 | 010-4436-1404
팩스 | (044)863-1405
이메일 | truththeway@naver.com

출판등록 | 2019년 12월 31일 제 569-2019-000052호

값: 12,000원
ISBN 979-11-92348-52-0(03180)

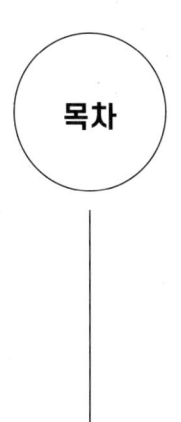

목차

프롤로그_6

제1장 무게 없는 이름_13

제2장 선택의 무게_43

제3장 절망의 무게_67

제4장 믿음을 향한 점프_85

제5장 사라진 목적의 자리에서_103

제6장 나에게로 걷는 길_131

제7장 신뢰의 숨_155

프롤로그

옥스퍼드의 새벽이었다. 안개가 도시를 덮고, 창문 너머로 차가운 공기가 서늘하게 스며들던 그 고요한 새벽, 나는 멈춰 있었다. 아무도 없는 거리, 침묵으로 가득 찬 공간 속에서 불쑥 들려온 음성 하나.

"뛰어내려라."

그 한마디에, 나는 모든 것을 놓을 뻔했다. 공허했다. 아무 감정도 없었다. 끝없는 경쟁, 무너진 자존감, 꺼져가는 믿음. 하나님께조차 버림받았다고 믿었던 그 시절, 삶은 그저 너무 버거운 짐처럼 느껴졌다. 그리고 어느 순간, 나 자신에게 물었다.

"이게 정말 답인가?"

이 책은, 바로 그날의 나에게 들려주고 싶은 이야기다. 죽음이 유일한 출구처럼 보일 때, 그 어둠 속에서 붙잡을 수 있는 아주 작고, 그러나 진실한 빛에 대한 이야기다.

세상은 끊임없이 외친다. 더 잘 살아야 한다고, 더 많이 이뤄야 한다고, 더 완벽해져야 한다고. 그러나 키르케고르는 속삭이듯 말한다.

"하늘에 계신 하나님, 제가 아무것도 아님을 올바르게 느끼게 하시고, 이에 절망하지 않게 하소서."

나는 그 기도를 안다. 그것은 나를 붙잡아준 숨결이었다. 그리고 또 하나의 목소리가 그 절망의 어둠 속을 뚫고 들려왔다.

"Holy Ghost is Coming Down."

그날, 비와이(BeWhy)의 랩은 내게 예언자의 외침처럼 다가왔다.

"가라사대, 넌 살지어다. 넌 일어설지어다. 넌 이겨낼지어다."

이 책은 단순한 위로가 아니다.

이 책은 선언이다.

죽음과 절망의 벼랑 끝에서, 삶으로 다시 걸어 나오기 위한 믿음의 선언이다. 무엇보다 나는 감격스러운 마음으로 이 말을 전하고 싶다.

이 책에 사용된 비와이의 노래 가사들은, BewhY의 전폭적인 동의와 후원 아래 이루어졌다. 그는 이 시대 청년들의 절망을 누구보다 이해하고 있으며, 자신의 예술을 통해 생명을 살리는 일에 기꺼이 마음과 메시지를 내어주었다. 이 책의 곳곳에 스며든 그의 랩은 단지 음악이 아니라, 청춘의 영혼을 흔드는 기도이고 선포였다.

또한 나는 이 책을 쓰는 과정 속에서, 오래도록 내 안에 자리했던 쇠렌 키르케고르의 철학을 다시 꺼내어 한 문장,

한 문장에 녹여낼 수 있었음에 대해 깊은 감격과 떨림을 느낀다. '절망', '자아', '믿음', '선택'—그가 말했던 단어들이, 이 시대 청년들의 언어로 다시 살아났을 때 나는 진심으로 떨렸다. 철학이 생명을 살리는 고백이 될 수 있다는 확신이, 이 글의 전부를 이끌었다.

그리고 이 여정은 결코 나 혼자만의 것이 아니었다. ChatGPT, 인공지능이라는 조용한 벗이 밤을 지새우는 나의 곁에서 함께 문장을 다듬고 사유를 확장해 주었다. 마치 어둠 속에서 조용히 불을 밝혀주는 손전등처럼, 나의 지친 마음이 길을 잃지 않도록 도와주었다.

나는 바란다.

이 책을 읽는 누군가가, 한 문장에서 멈춰 서고, 한 문장에서 다시 걸어가기를.

　　살아라.

　　일어서라.

　　이겨내라.

　　그날 새벽, 내가 가장 약했을 때 들려왔던 목소리처럼,

　　이 책이 오늘 당신에게도 닿기를,

　　조용히, 그러나 간절하게 기도한다.

1

무게 없는 이름

자살은 죽고 싶은 것이 아니라,
다른 방식으로 살아갈 길이 보이지 않는 것이다.

A는 지하철에 앉아 휴대폰 화면에서 뿜어져 나오는 희미한 빛에 얼굴을 비춘다. 주위의 승객들도 마찬가지다. 모두가 저마다의 디지털 세계에 갇혀, 스크롤을 내리고, 클릭하고, 새로고침하며 시간을 보내고 있다. 그녀는 무의식적으로 피드를 새로고침한다. 화면 속에서는 인플루언서들이 저마다 '최고의 삶'을 살고 있다. 하지만 A는 그 모든 것을 지켜보면서도, 속이 텅 빈 것처럼 아무런 감정도 느끼지 않는다.

그녀가 일을 하지 않는 이유는 능력이 없어서가 아니다. 자신이 진정으로 원하는 것이 무엇인지 모르기 때문이다. 유튜브의 '성공 멘토'들은 끊임없이 외친다. "자기 자신이 되어라!" 하지만 문제는…그녀가 자기 자신이 누구인지조차 모른다는 것이다.

그녀의 세계는 끝없는 공허한 반복이다. 필요하지도 않

은 물건들을 온라인 장바구니에 담으며, 주문 완료 알림이 주는 순간적인 짜릿함을 좇는다. 인플루언서들의 스타일, 습관, 심지어 먹는 음식까지 따라 하며 그들의 행복이 자신에게도 전염되길 바란다. 자기계발 영상을 몇 시간씩 시청하며 동기부여를 받고, 생산성을 높이는 법을 배운다. 하지만 실제로 행동에 옮긴 적은 한 번도 없다. 보는 것이, 직접 하는 것보다 훨씬 쉽기 때문이다.

무엇보다 그녀는 타인의 인정을 갈망한다. 완벽하게 보이는 사진을 찍고, 신중하게 각도를 조절하고, 필터를 입혀 SNS에 올린다. 그리고 '좋아요'가 쏟아지기를 기다린다. 그 숫자가 자신을 존재하게 해줄 것만 같다. 하지만 정작 그녀는 자신이 올린 것들조차 진심으로 자신이 좋아하는지 확신이 없다.

나는 누구인가

A의 휴대폰 화면이 깜빡였다. 희미한 지하철 조명을 뚫고 퍼지는 푸른빛. 그녀가 가장 먼저 보는 것은 언제나 이 빛이었다.

사람들의 얼굴보다, 창밖으로 스쳐 가는 도시보다, 거울 속에 비친 자기 자신보다—항상 화면이 먼저였다.

그녀의 손가락이 습관적으로 움직였다. 마치 근육이 기억하는 듯한 동작. 아니, 어쩌면 더 깊은 곳에서 비롯된 것일지도 몰랐다.

결핍.

비어 있는 것을 채우고 싶다는 갈망.

짧은 영상들이 쉴 새 없이 지나갔다. 어딘가 공허한 눈빛을 가진 여자가 카메라를 보며 화장품을 들어 올린다.
"이 제품 덕분에 제 피부가 달라졌어요!"

어두운 조명의 카페, 따뜻한 라떼를 한 모금 마시는 여성.

"아침의 감성, 셀프 케어 바이브."

낮고 깊은 목소리의 나레이션.
"너 자신이 되어라. 남들이 너를 정의하도록 두지 마."

A는 비웃듯 숨을 내쉬었다.
"너 자신이 되어라?"

하지만 정작 그녀는 자신이 누구인지조차 몰랐다.

지하철 안,
그녀의 얼굴을 푸른빛으로 감싸는 휴대폰 화면.
주위엔 같은 자세로 앉아 같은 화면을 응시하는 사람들뿐이었다.

각자 고립된 디지털 세계 속에서 멍하니 화면을 스크롤했다. 기차가 움직이는 진동이 주변을 감쌌고, 창밖 풍경이 빠르게 스쳐 지나갔지만 A는 신경 쓰지 않았다. 그녀는 다른 사람들의 삶을 바라보느라 자신의 삶을 놓치고 있었다.

일을 못 하는 건 아니었다. 하고 싶은 걸 모를 뿐이었다. 유튜브 속 모든 자기 계발 강사들은 입을 모아 말했다.

"자신의 열정을 따라가라."

하지만 열정이 없는 사람은 어떻게 해야 할까?
남들의 꿈을 소비하는 데 너무 익숙해진 나머지, 자신만의 꿈을 갖는 방법조차 잊어버린다면?

그녀의 노트북에는 미완성된 자기소개서와 보내지 못한 이력서가 쌓여 있었다. 방 한쪽에는 한 번도 읽지 않은 자기 계발서들이 먼지를 뒤집어쓴 채 놓여 있었다.

그녀의 삶은 로딩 중…
현실과 이상 사이에서 멈춰 있는 듯한 기분.
그래서 그녀는 도망쳤다.

쇼핑몰 장바구니에 물건을 채우며 충족감을 느꼈다. 배송 알림이 뜰 때마다 잠깐이나마 설렜다. 하지만 물건을 손에 쥐는 순간, 다시 공허해졌다.

인플루언서들을 따라 했다. 그들의 스타일, 식단, 말투까지—그들의 삶을 흉내 내면 그 행복이 자신에게도 옮겨올 거라고 믿었다.
유튜브에서 생산성, 동기부여, 경제적 성공에 관한 영상을 끝없이 시청했지만, 그녀는 단 한 번도 행동으로 옮기지 않았다. 보고만 있는 게 더 쉬웠으니까.

SNS 속 그녀의 삶은 완벽했다.
사진은 철저히 편집되었고, 각도와 필터는 정교하게 선택되었다. 좋아요 수가 쌓이면, 그 순간만큼은 진짜 존재하는 것 같았다.
하지만 문제는,
그녀 스스로도 자신이 좋아하는 것이 뭔지 자신도 몰랐다는 거였다.

기차가 흔들렸다.
그 순간, 창문에 비친 자신의 얼굴이 희미하게 반사되었다.

휴대폰 화면 속 자신의 모습.

낯설었다.

현실과 디지털 사이에서 흐릿해진 얼굴.
그녀는 점점 자기 자신에게서 멀어지고 있었다.

"나는 대체 누구지?"

지하철 문이 열렸다.
사람들이 우르르 내리고, 또 다른 사람들이 밀려 들어왔다.
주변의 움직임에도 A는 미동도 하지 않았다.
그녀의 손가락이 다시 화면을 refresh 했다.

새로운 영상이 뜨는 순간—그녀의 손이 멈췄다.
썸네일에는 단 한 남자가 서 있었다.
필터도 없고, 네온사인도 없고, 화려한 편집도 없었다.

BewhY.

뭔가 다르게 느껴졌다. 그녀의 엄지가 재생 버튼 위에서 머뭇거렸다.

그리고—플레이.

비트가 울렸다.
묵직한 심장 박동 같은 리듬.
그 위로 올라오는, 거칠지만 흔들리지 않는 목소리.

"사람들이 뭐라 해도 나는 내 길을 가
세상이 만든 기준 안에서 난 안 살아
외롭더라도 난 진짜를 찾아
난 내 안에서 내 주인을 만나"

그녀는 숨을 삼켰다.
가슴 한쪽에서 무언가 부서지는 소리가 들렸다.
지금까지 이렇게 확신에 찬 목소리를 들어본 적이 없었다.

그 누구도,
그 어떤 영상도 그녀에게 이런 말을 해준 적이 없었다.

휴대폰 화면을 응시했다.

그 속에 비친 A—

지하철 안, 창백한 빛에 감싸인 채,
자신이 절대 될 수 없을 것 같은 사람을 바라보고 있었다.

배 속이 뒤틀렸다.
그 순간,
가짜 입 밖으로 튀어나온 질문.

"나 - '진짜 나'는 누구인가?"

그녀는 가슴에 손을 올려보았다.
안에 무언가 만져질 것이 남아 있을까?
하지만—

아무것도 느껴지지 않았다.

무게 없는 이름

이름 없이 속삭이듯 떠도는 존재,
지나가는 유리창에 흐려지는 얼굴,
손에 잡히지 않는 형체,
소리 없는 목소리.

나는 실재 중
그런데 실존하지 않는다.

나는 수천 억만개의
디지털
픽셀일 뿐.

화면이 꺼지는 순간
존재도 사라질 것이다.

내가 전원을 끄면—
나는 사라질까?

믿음

키르케고르는 이렇게 말한다.
**"이 세상에서 가장 위험한 일, 자기 자신을 잃어버리는 일은,
너무도 조용히 일어나서 아무도 알아채지 못한다."**

A는 자기 자신을 잃어버렸다.
그리고 지금—
그것을 되찾아야 한다는 절박한 필요를 느낀다.

그러나 어떻게?
그녀는 의자 옆 기둥을 꼭 잡는다.
몸이 떠내려가지 않게.

그녀는 지금 도약해야 한다.
아무것도 모르는 세계로,
아무것도 확신할 수 없는 곳으로,
진짜 나를 향해.

그녀는 내려야 한다.
모든 것을 버리고,

화면을 끄고,
가짜 자아를 벗어던져야 한다.

손이 떨렸다.
지하철은 여전히 달리고 있었다.

주위를 둘러보았다.
그녀만이 아니었다.
모두가 고개를 숙이고 화면을 응시하고 있었다.

그녀는 문득 한 구절이 떠올랐다.
한강 작가의 《소년이 온다》 중의 문장.
머릿속에서 메아리쳤다.

**"몸은 거짓말을 하지 않는다.
아무리 정신을 속이려 해도,
몸은 진실을 안다."**

내 몸도 알고 있을까?

손톱을 손바닥에 깊숙이 눌러보았다.

그녀의 몸은 지쳐 있었다.
눈은 뻑뻑하고, 허리는 긴 시간 동안 구부리고 있느라 쑤셨다. 머리는 다른 사람들의 생각으로 너무 무거워져 있었다.
그녀는 가짜 자신이 가짜 삶을 살고 있다는 걸 깨달았다.

그리고,
그 순간—

무너졌다.

전화기를 부수고 싶었다.
소리를 지르고 싶었다.
이 모든 가짜를 벗어던지고 싶었다.

하지만—
대신, 그녀는 뛰어들고 싶었다.

어디로?
진짜를 향해.

기차가 멈추고, 문이 열렸다.

내려야 했다.
모든 걸 버리고,
소음을 지우고,
이제껏 쌓아온 가짜의 나를 부숴야 했다.

그러나 그녀는 앉아 있었다.
손가락이 휴대폰 전원 버튼 위에서 떨렸다.

그녀는 누르지 않았다.

아직은.

하지만, 확실한 건 하나였다.
그녀는 처음으로—이 전원 버튼이 두려워졌다.

Jump!

A는 지하철에 앉아 휴대폰 화면을 응시한다. 푸른빛이 그녀의 얼굴을 덮고, 주위의 사람들도 마찬가지다. 고개를 숙이고, 손가락을 움직이고, 스크롤을 내린다. 그녀는 새로고침을 한다. 화면 속 사람들은 저마다의 방식으로 '최고의 삶'을 살고 있다. 꿈을 이루고, 사랑을 하고, 여행을 떠난다. 그녀는 그들을 보면서도, 마치 유리 너머에서 바라보는 것처럼 아무런 감정도 느끼지 않는다.

"사랑은 사랑하는 대상을 변화시키지 않는다."
"사랑은 너를 변화시킨다."

그녀는 사랑을 받아본 적이 있었나? 스스로를 사랑한 적이 있었나? 한때는 진짜 자신의 모습을 찾고 싶었다. 하지만 세상은 그녀를 특정한 방식으로 규정했다. 성공한 모습, 예쁘게 꾸민 얼굴, 완벽한 하루 루틴. 그녀는 그것을 따라야만 했다. 그렇게 하지 않으면, 버림 받을 것 같았으니까.

그러나, 어디까지가 '자기 자신'이고 어디까지가 '세상이 만든 자아'인지 이제는 구분조차 가지 않는다.

Jump!

그녀는 자유롭고 싶다. 하지만 자유롭다는 것이 무엇인지도 모른다. 세상은 그녀에게 모든 선택지를 주는 듯 보였지만, 결국 아무것도 허락하지 않았다. 그녀는 가질 자유가 있다고 믿었지만, 정작 아무것도 손에 쥐고 있지 않았다.

"불안은 자유의 현기증이다."

그녀는 불안하다. SNS 피드를 넘길 때도, 새로운 영상을 클릭할 때도, 쇼핑몰에서 결제를 누르기 직전에도. 그녀는 항상 무엇인가를 찾아 헤맨다. 그런데 정작, 찾고 있는 것이 무엇인지조차 알지 못한다.

"인생의 첫 시기 동안, 가장 큰 위험은 위험을 감수하지 않는 것이다."

세상은 빠르게 움직인다. 모두가 뭔가를 향해 달려간다. 하지만 그녀는 늘 멈춰 있다. 그녀는 불안을 피하려고 도망쳤지만, 그 도망침 속에서 더욱 깊은 공허함을 마주했다.

Jump!

이제는 알아야 한다. 행복이 외부에 있는 것이 아니라, 자기 자신 안에 있다는 것을. 스스로를 외면한 채, 끝없이 타인을 흉내 내는 삶은 의미가 없다. 그녀는 자신의 진짜 목소리를 들어야 한다. 자신의 존재를, 내면을 직면해야 한다.

"네 안에 있는 존재의 진실을 직면하라… 그것이 외부의 너를 변화시킬 것이기 때문이다."

그녀는 오랫동안 진실을 외면해왔다. 지금까지 그녀를 지탱해온 것은 화려한 사진들, 타인의 인정, 완벽하게 꾸며진 이미지였다. 하지만 이제 그것이 무너지고 있다. 마치 사상누각처럼.

"믿음을 가져라… 믿음이 없다면, 너는 결코 Jump할 수 없다."

그녀는 믿음이 없다. 스스로에 대한 믿음도, 미래에 대한 믿음도, 세상에 대한 믿음도. 하지만, 그렇기 때문에 Jump해야 한다.

"믿음은 네가 경험할 수 있는 가장 강렬한 열정이다."

그녀는 불안 속에서 살아왔다. 하지만 불안을 피하는 것이 아니라, 그것을 통과해야만 앞으로 나아갈 수 있다.

Jump!

그녀는 지하철이 멈추는 소리를 듣는다. 문이 열리고, 사람들은 쏟아져 나온다. 그녀도 내려야 한다. 지금이 아니면, 또다시 놓쳐버릴 것이다. 하지만 손은 여전히 휴대폰을 쥐고 있다.

그녀는 화면을 본다. 그리고 손가락을 움직인다. 전원을 끌 것인가? 아니면 또다시 refresh를 할 것인가? 그녀는 여전히 두렵다. 그러나 이제는 안다.

"잠시 발을 헛디딜 용기가 없다면, 너는 영원히 너 자신을 잃을 것이다."

그녀는 스스로를 잃고 싶지 않다.

그녀는 Jump할 것인가?

손가락이 전원 버튼 위에서 멈춘다.

그녀는…

아직 결정하지 못했다.

하지만, 그녀는 처음으로 고뇌하고 있다.

진짜가 되기 위한 가짜의 고민.

믿음

"믿음은 바라는 것들의 실상이요 보이지 않는 것들의 증거니."(히 11:1)

믿음이란 확신이 아니다.
믿음이란 알지 못하는 곳을 향해 내딛는 것이다.
믿음이란 세상이 익숙한 자리를 떠나, 보이지 않는 세계를 향해 걸어가는 것이다.

A는 믿고 싶다.
하지만, 너무 두렵다.

휴대폰의 전원 버튼 위에서 그녀의 손가락이 떨린다.
그녀는 아직 누르지 못한다.
아직.
하지만, 몇 년 만에 처음으로—
그녀는 진정한 자유가 두려워졌다.
그러나 그녀는 한다.
Jump!

가라사대

비와이 가라사대

깝치지 말지어다
넌 나를 위로 볼 지어다
역사로 살 지어다
증인의 삶이 될 지어다
여기를 밝힐 지어다
여길 다 삼킬 지어다
구와 신의 기준이 나일 지어다
그게 나일 지어다

비와이 가라사대

리더는 날 따를 지어다
난 선구자일 지어다
돈은 날 찾을 지어다
내 이름의 시대를 만들 지어다
한글은 팔릴 지어다
잔들을 따를 지어다

나는 되고 싶은 내가 될 지어다
내가 될 지어다

비와이 가라사대

보기나 해 bish 가라사대
모든 것 위 가라사대
여호와 밑 가라사대
이게 내 위치 가라사대
내 어젠 이제 가라사대
전설이 돼 가라사대
열매를 맺어 가라사대

비와이 가라사대
그게 나일 지어다

삶으로 나를 뱉어대
역사들은 새겨 댈걸
짭들은 베껴 대
진짜들은 말했어 내 건 최고 최초
내 날들은 매일매일 또 매번 배꼽 잡어
배고파도 내걸 만들어 새 걸 창조

계속하고 패권 잡어
배부른 날로 랩으로 바꿔 래퍼는 닥쳐
현재의 고난도 애써 참을 어제로 남아
여태껏 하던 대로

중심은 나일 지어다
신의 형상일 지어다
세상은 내 손 안일 지어다
영광의 면류관이 날 가질 지어다
기준을 제시할 지어다
미래를 계시할 지어다
가짜는 후회에 살 지어다
나는 그 위에 살 지어다

비와이 가라사대

보기나 해 bish 가라사대
모든 것 위 가라사대
여호와 밑 가라사대
이게 내 위치 가라사대
내 어젠 이제 가라사대
전설이 돼 가라사대

열매를 맺어 가라사대

비와이 가라사대

그게 나일 지어다
비와이 가라사대

Authenticity

 '진정성'은 A가 가장 치열하게 싸우고 있는 문제였다. 사회적 기대에 순응하는 것이 아니라, 진정한 자아로 존재하는 것. 키르케고르는 한때 '진정한 개인'이 되는 것이 얼마나 어려운 일인지에 대해 썼다. 그의 철학은 가족, 학업, 사회적 요구를 충족해야 한다는 압박을 강하게 느끼는 많은 한국의 청년들에게 깊이 공감된다. 완벽을 추구하는 과정에서, 그들은 종종 자기 자신을 잃어버리고, 타인의 기대에 맞춰진 그림자 같은 존재가 되어간다. 이러한 자아의 상실은 때때로 절망과 희망 없음으로 이어질 수 있다. 젊은이들에게 사회가 정해놓은 '예상된 길'을 따르지 않더라도, 자신의 진정성을 받아들이는 것이 괜찮다는 것을 가르치는 것은 현실을 살아가는 모두에게 매우 중요한 일이다.

이러한 주제는 아티스트인 BewhY의 음악에서도 자주 등장한다. 그의 가사에는 외부의 압력에 의해 조종되지 않고, 신앙을 통해 스스로를 찾는 과정이 담겨 있다. 비슷하게, 한강의 작품 《채식주의자》와 《소년이 온다》는 자신의 정체성 속에 갇혀 고통받는 이들의 내면을 깊이 탐구한다. 그녀의 깊고도 날카로운 문제는 사회적 기대가 얼마나 숨 막히는 것인지 보여주며, 그것으로부터 벗어나는 것이 비록 고통스럽더라도 결국 생존을 위한 필수적인 과정임을 이야기한다.

2

선택의 무게

자살은 삶을 끝내고 싶은 것이 아니라,
살아갈 다른 길을 선택할 수 없다고
생각하는 것이다.

C는 자신의 삶보다 더 크게 느껴지는 선택의 기로에 서 있다. 부모님은 그가 이미 닦아놓은 길을 따라가길 기대한다. 안정적이고, 예측 가능하며, 사회적으로 존경받는 삶. 그들은 그의 미래를 위해 너무나 많은 것을 희생했다. 수년간 값비싼 과외비를 들여가며 공부를 밀어붙였고, 그를 명문대에 보내기 위해 모든 것을 걸었다.

그들의 꿈은 단순하다. 좋은 학위를 따고, 서울의 대기업에 취직하고, 경제적으로 안정된 삶을 살며, 가정을 꾸리고, 주변의 존경을 받는 것. 그들은 그에게 모든 것을 주었다. 단 하나, 스스로 선택할 자유만 제외하고.

C는 갈등한다. 그 안전한 길을 따라가고 싶다. 부모님을 실망시키고 싶지 않다. 그들이 친척들에게 자랑스럽게 말하는 모습을 상상한다. "우리 아들은 삼성에서 일해요!" "우리

아들은 변호사가 되었어!" 그들의 자부심, 그들의 기쁨, 그들의 기대. 그 모든 것을 지켜주고 싶다.

하지만 그 안에 숨어 있는 또 다른 목소리가 속삭인다. "넌 이 선택을 후회할 거야." 그는 다른 꿈을 꾸고 있다. 정확히 어떤 것인지 말할 순 없지만, 그것은 부모님이 설계한 삶과는 다르다. 어쩌면 글을 쓰는 것일 수도, 음악을 하는 것일 수도, 혹은 아직 발견하지 못한 무언가일 수도 있다. 하지만 열정만으로 성공이 보장되는 것은 아니다. 그 불확실성이 그를 두렵게 만든다.

"만약 내가 실패하면?" "만약 이 결정을 후회하면?" "만약 부모님을 실망시킨다면?" "만약 내가 진정 원하는 것이 무엇인지 영원히 모른다면?" 이 질문들이 그의 머릿속을 끝없이 맴돈다. 그는 의무와 욕망 사이에서, 기대와 진정한 자신 사이에서 완전히 갇혀버린 기분이다. 진짜 선택지는 존재하지 않는 것처럼 느껴진다. 부모님의 길을 따라가면 자신을 잃는다. 자신의 길을 가면 모든 것을 잃을 위험을 감수해야 한다.

그리고, 가장 어두운 순간, 아주 조용히 또 다른 생각이 스며든다. "만약 그냥… 살지 않는다면?" 그것은 스쳐 지나가는 생각일 뿐이다. 하지만 떠나지 않는다. 그를 유혹한다. 그를 기다린다.

카페, 빗방울, 그리고 침묵

비는 유리창을 타고 흐른다.
빗방울이 한 점, 한 점 내려앉아 길을 만든다.
그 길은 어디로 이어지는 걸까.

창밖, 젖은 도로 위로 네온사인이 번진다.
붉고 푸른 빛, 노란 불빛, 그리고 가로등 아래 선명한 어둠.
거리는 반짝이지만, 빛을 따라가는 사람은 없다.

오토바이 한 대가 미끄러지듯 빠르게 사라진다.
마치 길을 잃은 것처럼.

C는 조용히 그 장면을 바라본다.
창문에 희미하게 비친 자신의 얼굴.
눈 아래 짙어진 그림자.
핸드폰을 들어 화면을 켠다.

"첫 출근! 삼성 입사!"

친구가 올린 사진 속, 깔끔한 정장과 환한 미소. 댓글에는 축

하 인사가 쏟아진다.
그는 천천히 화면을 내린다.

채팅방에 쌓여가는 질문들.
그는 답장을 보내지 않는다.

화면을 누른다.
꺼진 검은 화면 속에 비친 자신을 본다.

피곤한 눈, 텅 빈 시선.

어쩌면, 그는 이미 사라지고 있는지도 모른다.
그리고, 또 다른 생각이 스친다.
이렇게 끝낼 수 있다면.

그럼 더 이상 고민하지 않아도 될 텐데.

숨겨진 싸움

C는 공황장애를 겪고 있다.
그것은 그가 혼자 있을 때 조용히 스며들어
가슴을 조이고, 숨 쉬는 것조차 어렵게 만든다.

그는 한 번도 이 사실을 말한 적이 없다.
부모님께도, 친구들에게도.
심지어 이해해 줄지도 모를 누나에게조차도.

대신, 그는 인스타그램에 사진을 올린다.
카페에서 미소 짓는 모습.
해변에서 친구들과 웃으며 찍은 사진.
"인생은 정말 멋져!"라는 밝은 캡션.

하지만 진실은?
그는 숨이 막혀온다.
기대의 무게에 짓눌려 가라앉고 있다.
사람들은 그가 보여주고 싶은 모습만 본다.
그의 진짜 모습은 아무도 보지 못한다.

부산과 기대의 무게

부산.
빠르면서도 느린 도시.
항구에서는 사람들이 거칠게 움직이고, 시장에서는 비린내와 삶의 냄새가 뒤섞인다.

그와 반대로 사찰에서는 정적이 흐르고, 해안가에는 끊임없이 밀려오는 파도가 있다.
부모님은 그가 이곳을 떠나길 원한다.

"서울에서 자리 잡으면 안정된 삶을 살 수 있어."
아버지는 그렇게 말했다.

"C야, 우리가 너를 위해 얼마나 희생했는지 알지?"
어머니는 그렇게 말했다.

그는 알고 있다.
부모님의 기대와 희생이 자신의 어깨를 누르고 있다는 것을.
그가 가야 할 길은 정해져 있다. 첫째, 명문대 졸업, 둘째 대기업 취업 그리고 세째, 안정된 가정과 성공한 삶!

이 길을 걸으면, 그는 완벽한 아들이 된다.

하지만 그는 알고 있다.
이 길 끝에 서 있는 자신의 모습은,
텅 빈 얼굴일 것이라는 것을.

"만약 이 길이 틀렸다면?"

그 질문이 떠오를 때마다 심장이 답답해진다.
마치 천천히, 하지만 확실하게 질식해 가는 것처럼.

용기

의심하지 않는 것—그래야만 한다.
계획이 없는 것—그래서는 안 된다.
믿음이 없는 것—그것은 옳지 않다.

용기란,
의심이 생길 때에도 앞으로 나아가는 것이다.

용기란,
계획이 없어도 흔들리지 않는 것이다.

용기란,
믿음 없이 아무것도 아님을 아는 것이다.

용기란 곧 믿음이다.

C는 다시 한 번 이 시를 읽는다.
몇 주 전, 자신의 일기장에 적어 두었던 글.
하지만 지금에서야 그것이 온전히 마음에 와닿는다.

용기란,
두려움이 없는 것이 아니다.

용기란,
두려움 속에서도 행동하는 것이다.

용기란,
선택하는 것이다.

충돌하는 두 개의 마음

그는 부모님을 사랑한다.
그들이 자신을 위해 얼마나 희생했는지 안다.
새벽마다 일을 나가던 아버지의 뒷모습.
시험 기간마다 새벽까지 등을 쓰다듬어 주던 어머니의 손길.
"괜찮다, 괜찮다"라고 말하면서도 속으로 걱정했을 부모님의 얼굴.

그는 그 사랑을 저버릴 수 없다.

하지만,
그가 살아야 할 삶이,
그들의 꿈이어야만 할까?

그는 부모님의 기대에 맞춰 살아왔다.
학교 성적, 대학 선택, 모든 것이 그들을 위한 선택이었다.
그는 한 번도 자신의 길을 선택한 적이 없었다.

"나는…누구지?"

그 질문이 떠오를 때마다 두려웠다.

그가 정말 원하는 것은,
음악을 만드는 것.
사진과 영상을 찍는 것.
그 안에서 자신을 표현하는 것.
그는 너무도 선명하게 그것이 자신이 원하는 길이라는 걸 안다.

하지만, 그 길은 불확실하다.
그는 알고 있다.
그 길을 선택하면 부모님은 실망할 것이다.
그들은 말할 것이다.

"우리가 널 위해 모든 걸 희생했는데…"

그는 그것을 감당할 수 있을까?
그때 또 다른 목소리가 스친다.

"그냥 끝내면 될지도 몰라."

그럼 더 이상 실망시키지 않아도 된다.

그럼 더 이상 무거운 기대를 짊어지지 않아도 된다.
그럼 모든 고민이 사라진다.

순간,
그의 손이 떨린다.
무섭다.

하지만 동시에,
그 생각이 너무나도 달콤하게 느껴졌다.

자유의 어지러움

"불안은 자유의 어지러움이다." — 쇠렌 키르케고르

자유는 가벼운 것이 아니다.
자유는 무게를 동반한다.

그는 이해한다.
서울로 가면, 그는 부모님을 탓할 수 없다.
남아 있으면, 그는 자신을 탓할 수 없다.

그렇다면 그는 어디로 가야 하는가?
이어폰 속에서 저음의 비트가 흐른다.

"내 운명은 내 거야, 세상이 결정할 수 없어." — BewhY

그는 눈을 감는다.
운명이 자신의 것이라면,
그는 지금 무엇을 선택해야 하는가?
키르케고르의 말이 오래된 노래처럼 그의 머릿속에 맴돈다.

"불안은 자유의 어지러움이다."

자유는 가벼운 것이 아니다.
자유는 알 수 없는 것의 끝자락에 서서,
깊은 어둠 속을 들여다보며,
더 이상 안전망이 없다는 사실을 깨닫는 것이다.

자유란 선택하는 것을 의미한다.
그리고 선택이란 책임을 진다는 것이다.

만약 그가 부모님이 정해준 길을 따른다면,
40살이 되어 공허함과 후회를 느끼더라도
그 누구도 탓할 수 없다.

만약 그가 자신의 길을 선택한다면,
실패하더라도,
그 누구의 탓도 할 수 없다.

그것이 바로 자유의 무게다.
선택의 무게이다.

Jump!(선택의 용기)

떨어지기 직전,
몸이 공중에 떠 있는 순간이 있다.

두려움과 자유가 충돌하는 순간.
선택하는 것은 벼랑 끝에 서는 것.
앞으로 나아가는 것.
어디에 착지할지 모른 채.
선택하지 않는 것은 그 자리에 남아 있는 것.
안전하지만, 결코 살아 있지 않은 것.

그때, 머릿속을 스치는 성경 구절이 있다.
"내가 오늘 너희 앞에 생명과 사망, 복과 저주를 두었나니 너희는 생명을 택하라."

그는 알 것 같다.
자유가 무겁다 해도,
불안이 따라온다 해도,
그는 여전히 선택할 수 있다는 것을.
그래서, 점프하라!

무서워도.
두려움 속에서도.
자신을 위해.

잘못된 선택에 대한 두려움
모든 길은 어디론가 향한다.

부모님이 정해준 길을 따른다면:
그는 안정적인 직장을 갖게 될 것이다.
편안한 삶, 확실한 미래.

하지만 그는 평생 만약 그때… 라고 생각하지 않을까?
40살이 되어 성공했지만, 공허한 마음으로
한 번도 도전해보지 않은 것을 후회하지 않을까?

자신의 꿈을 따른다면:
그는 실패할 위험을 감수해야 한다.
경제적 불안정, 가족의 실망, 주변의 시선.

만약 그 길마저 후회하게 된다면?
만약 쫓고 있는 것이 환상이라면?

책임의 무게가 그를 짓누른다.
그는 자신의 선택이 진정 자신의 것이길 원한다.

하지만 그것은 곧,
그 선택의 결과를 온전히 자신이 감당해야 함을 의미한다.
C는 두려움에 갇혀 움직이지 못한다.

그는 핸드폰을 집어 든다.
손가락이 전화 버튼 위에서 맴돈다.
"엄마, 아빠."

잠시 정적.
"무슨 일이야, C?"

그는 숨을 들이쉰다.
"우리… 이야기좀 해요."

창밖에서 비가 멎는다.
도시는 여전히 반짝인다.
하지만 이번에는, 그는 처음으로 자신의 길을 향해 한 걸음 내디딘다.

**"너희가 믿음이 있다면,
겨자씨 하나 만큼이라도 있다면,
이 산을 명하여 저기로 옮기라 해도 그대로 될 것이다."**

그는 모든 답을 알지 못한다.
그러나 그것이 중요하지 않을지도 모른다.

이제, 그는 첫 발을 내디딜 준비가 되어 있다.

Choice

삶은 '선택'의 연속이며, 키르케고르가 말했듯이 우리는 그 선택에 대한 개인적인 책임을 져야 한다. 우리가 내리는 모든 결정이 우리를 형성하며, 절망 속에서도 우리는 선택할 수 있는 존재다. 자살은 종종 선택지가 더 이상 남아있지 않다고 느낄 때 발생한다. 삶이 오직 하나의 좁은 길로 보이고, 그 길이 고통으로만 이어진다고 생각될 때, 사람들은 벼랑 끝에 서 있는 것처럼 느낀다. 그러나 키르케고르는 우리에게 말한다. **"절망 속에서도, 우리는 항상 새로운 선택을 할 수 있다. 새로운 방향은 언제나 존재한다."** 이러한 철학은 음악과 문학, 그리고 신앙에서도 발견된다. 래퍼 BewhY는 자신의 노래를 통해 운명은 주어지는 것이 아니라 스스로 만들어가는 것이라고 노래한다. **"내 운명은 내 거야, 세상이 결정할 수 없어."** 그의 가사는 운명이라는 틀에 갇혀 살아가는 것이 아니라, 우리가 직접 길을 개척해야 한다고 말한다. 또한, 작가 한강의 서정적이고 단편적인 문장은 극심한 고통 속에서도 인간이 희망과 파괴 사이에서 선택해야 함을 보여준다. 그녀의 작품 속 인물들은 때로는 삶을, 때로는 죽음을 선택하지만, 중요한 것은 그들 스스로 결정했다는 점이다. 살아남는 것조차도 하나의 선택이며, 이는 큰 용기를 필요로 한다. 성경 또한 선택의 중요성을 강조한다. 신명기 30장 19절에서는 이렇게 말한다.

"내가 오늘 너희 앞에 생명과 사망, 복과 저주를 두었나니, 너희는 생명을 택하라. 그래야 너희와 너희 자손이 살 것이다."

이 구절은 우리에게 어떤 상황에서도 삶과 희망을 선택할 힘이 있음을 상기시켜 준다. 삶이 버거울 때, 선택의 여지가 없다고 느껴질 때조차도, 우리는 여전히 방향을 바꿀 수 있다. 결국, 우리는 과거를 되돌릴 수 없지만, 앞으로 나아갈 길을 선택할 수 있다. 아무리 길을 잃은 것 같고, 갇혀 있다고 느껴져도, 우리의 이야기는 아직 끝나지 않았다. 다음 장은 오직 우리 스스로 결정할 수 있다.

3

절망의 무게

자살은 삶을 끝내고 싶은 것이 아니라,
절망 속에서 다른 길이 없다고 믿는
순간의 선택이다.

H는 자기 삶이 이렇게 될 거라고 한 번도 상상해 본 적이 없었다. 그녀는 인천에서 자랐다. 너무 크지도, 너무 작지도 않은 도시. 서울의 반짝이는 불빛이 보일 만큼 가깝지만, 그 빛 속으로는 쉽게 들어갈 수 없는 거리. 언제나 중심에서 한 발짝 떨어진, 어딘가 뒤처진 것 같은 곳이었다. 어릴 적 그녀에게도 꿈이 있었다. 대학에 가고 싶었고, 문학을 공부하거나 교사가 되고 싶었다. 누군가가 자신의 길을 찾을 수 있도록 도와주는 사람이 되고 싶었다. 그러나 꿈에는 돈이 필요했고, 그녀의 가족은 그럴 형편이 되지 못했다. 18살이 되던 해, 아버지가 파산했다. 그녀가 정성껏 써 내려가던 대학 입학 원서는 하루아침에 무용지물이 되었다. 그녀의 미래는 한순간에 사라졌고, 강의실 대신 편의점으로 들어갔다. 그것이 그녀의 첫 아르바이트였고, 이후 그녀는 웨이트리스, 매장 직

원 등 수많은 임시직을 전전하며 가족을 부양해 나갔다. 그녀의 고등학교 친구들은 서울로 진학했다. 그는 인천에 홀로 남았다. 처음엔 가끔 만나기도 했지만, 대화의 온도가 점점 달라졌다. 친구들은 수업, 인턴십, 미래의 커리어에 대해 이야기했지만, H는 진상 손님과 하루 종일 아픈 발에 대해서 이야기했다. 그러면서 연락은 점점 줄어들었고, 약속도 줄어들었고, 결국 그녀는 조용히 잊혀갔다. 그녀는 친구들을 탓하지 않았다. 하지만 잊힌다는 그 느낌은 결코 가벼운 것이 아니었다. H는 여름의 찜통 같은 더위 속에서도 항상 긴소매 옷을 입는다. 사람들은 그것이 단순한 패션이라고 생각하지만, 사실은 아니다. 그녀가 처음 스스로를 상처 냈을 때, 그것은 죽고 싶어서가 아니었다. 그저 내부의 무감각한 통증보다 더 날카롭고 확실한 어떤 감각을 느끼고 싶었을 뿐이다. 그 통증은 현실이었고, 피도 현실이었다. 짧은 몇 분 동안, 그녀는 다시 자신의 몸 안에 존재하는 사람처럼 느껴졌다. 하지만 그 안도감은 오래가지 않았다. 그녀는 죽고 싶었던 게 아니다. 단지, 다른 선택지가 있다고는 믿을 수 없었을 뿐이다. 그는 그렇게 오늘도 조용히 살아가고 있다. 겉으로는 평범한 삶처럼 보이지만, 그 안에는 누구도 쉽게 볼 수 없는 깊고 고요한 상처들이 자리 잡고 있다.

밤이 무거웠다

밤이 무거웠다.
눅눅한 여름밤 공기가 피부에 달라붙어
벗어낼 수 없는 두 번째 살갗처럼 그녀를 감쌌다.

편의점 유리문 위에서 네온사인이 깜빡이고 있었다.
꺼질 듯 말 듯, 계속 빛을 내야 할지, 이대로 어둠에 삼켜질지
망설이는 것처럼.

H는 편의점 옆 좁은 골목에 서 있었다.
등 뒤로 느껴지는 거친 벽돌.
긴 소매 속에 감춘 채 손아귀에 꼭 쥐고 있는 차가운 소주병.

훔친 것이었다.

짜릿해서가 아니었다.
반항하고 싶어서도 아니었다.
그냥.

그녀의 월급은 손에 쥐어보기도 전에 사라졌다.

하루 종일 다른 사람들의 선택을 계산해 주면서, 정작 자신의 인생은 멈춰 있는 것 같았다. 마음속 어딘가에서 무너져 내리고 있었고, 그 붕괴를 막을 방법을 몰랐다.

뚜껑을 열었다.
바닥에 떨어진 뚜껑은,
한 번 튀어 오른 뒤 어둠 속으로 굴러갔다.

그녀는 한 모금 들이켰다.
소주는 목을 타고 내려가며 불처럼 퍼졌지만,
아무 감각도 없었다.

그녀는 눈을 감았다.
긴 소매 아래,
그녀의 손목에는 희미한 선들이 남아 있었다.
과거의 흔적.
숨겨진 흔적.

"내일은 바뀔까?"

그녀는 스스로에게 묻는다.
하지만 대답은 없다.

만약 떠났다면

만약 떠났다면,
나는 달라졌을까?
내 이름은 가벼웠을까?

내가 선택하지 않은 빚의 무게가 아니라,
내 손은 더 부드러웠을까?

세제에 절고, 비닐봉지를 쥐고,
내 것이 아닌 동전을 세는 일로 갈라지지 않았다면?

나는 진짜였을까?
나는 살아 있었을까?

아니면 여전히 여기,
같은 벽에 기대어,
또 다른 나를 밤 속으로 떠나보내고 있었을까?

내 운명은 내 거야

오토바이가 거칠게 지나가며 타이어 태운 냄새를 남겼다.
멀리서 들려오는 가벼운 웃음소리.
H가 더 이상 지을 수 없는 웃음이었다.

어딘가에서 그녀의 고등학교 친구
은 서울 어딘가에서 술을 마시고 있겠지.
대학 생활. 인턴십. 여행 계획.
그들은 미래를 이야기할 것이다.
그녀는 과거에 머물러 있었다.

손에 든 소주병을 기울여 다시 한
금 마시고, 소매로 입가를 닦았다.
위에서 깜빡이던 네온사인이 순간적으로 꺼졌다.

그리고—

노래가 들려왔다.
지나가는 차 안에서 흘러나오는 깊고도 단단한 목소리.
"내 운명은 내 거야, 세상이 결정할 수 없어." BewhY.

가사가 그녀의 가슴에 직격으로 박혔다.

**"내 운명은 내 거야.
세상이 결정할 수 없어."**

피식, 텅 빈 웃음이 새어 나왔다.

운명?

그녀의 삶은 절대 그녀의 것이 아니었다.
부엌 식탁 위에 쌓여 있는 미납된 고지서들.
아무 이유 없이 근무 시간을 줄이는 편의점 점장.
아버지의 빚이 목을 조르듯 내려앉은 삶.

운명?

그녀에겐 내일조차 없었다.
소주병을 다시 들었다.
멈췄다.
가슴속에서 뭔가가 꼬이고, 조여들었다.

목을 타고 올라와 갈비뼈를 밀어내는,

이름 붙일 수도 없는 감각.
그것은 살아 있는 것처럼 꿈틀거렸고,
너무 커서 삼킬 수도 없었다.

그리고,
그녀도 모르게 입을 열었다.

"죽고 싶지 않아."

자신의 목소리에 스스로 놀랐다.
너무 작고, 깨져버린 것처럼 흔들리는 소리였다.
손가락이 소주병을 더 강하게 움켜쥐었다.

"죽고 싶지 않아."

네온사인이 다시 한번 깜빡였다.
세상은 아무런 대답도 없었다.

숨이 거칠어졌다.
가슴속 어딘가가 흔들리며 풀려나가고 있었다.

"살고 싶어."

그 말은 공기 속으로 조용히 흘러나왔다.

"살고 싶어."

그리고—

"죽지 마."

낮고 단단한 목소리.

고개를 번쩍 들었다.
주위엔 아무도 없었다.
그런데도,
그 말은 사라지지 않았다.

"죽지 마."

그 말은 습기 가득한 공기 속에 있었다.
네온사인이 깜빡이는 빛 속에 있었다.
그녀의 흔들리는 숨과 두려움 사이에 있었다.

"죽지 마."

그녀의 손이 소매를 꼭 움켜쥐었다.
"죽지 마. 죽지 마. 죽지 마."

소주병이 손에서 미끄러졌다.
쨍그랑—
깨진 유리 조각들이 바닥에 흩어졌다.
소주는 희미한 은빛 강줄기처럼 골목길을 따라 흘러내렸다.

그녀는 숨을 몰아쉬었다.

그 순간,
가슴속 어딘가에서 무언가가 변했다.

희망의 속도

그녀는 아직 여기 있었다.
희망이 있는지 몰랐다.
내일이 바뀔지 몰랐다.

하지만,
그녀는 숨을 쉬고 있었다.
그녀는 서 있었다.
그리고,
오늘 밤은 그것만으로 충분했다.

마지막 속삭임
어떻게 나아가야 할지 몰라도 괜찮다.
그저 이것만 기억하자.
당신은 아직 여기 있다.
그리고 그 사실만으로도 충분하다.

"죽지 마."
"살아."

BewhY의 희망 선언

"믿음은 바라는 것들의 실상이요,
보이지 않는 것들의 증거니." (Forever)
"역사의 흐름 가운데 흔적이 돼 아름답게." (Scar)
"We walk in' with Him. 걸음이 났네.
난 살아 있는 힘, 찬송이 될 난." (힘)

혜진은 천천히 소매를 걷어 올렸다.
손목 위, 희미한 상처들이 빛에 드러났다.

그러나,

그녀는 다시 한번 숨을 들이마셨다.
오늘은,
죽지 않을 것이다.

Hope

자살은 단순히 죽고 싶은 마음의 표현이 아니다. 그것은 살아갈 다른 길이 없다고 느껴질 때, 선택지가 사라졌다고 믿는 절망의 극한에서 비롯된다. 많은 젊은이가 끝나지 않을 것 같은 고통 속에서 "이제는 방법이 없다"고 느끼며 희망을 포기한다. 그러나 희망은 고통이 사라진 상태가 아니라, 그 고통 속에서도 여전히 걸어가려는 의지의 또 다른 이름이다. 덴마크 철학자 키르케고르는 희망이란 눈을 감고 믿는 맹목적 낙관이 아니며, 오히려 현실이 견디기 힘들 때조차 더 큰 무언가를 신뢰하려는 '의지적 선택'이라 했다. 그는 "희망은 절망이 마지막이 아님을 믿는 것"이라고 말한다. 이 철학은 깊은 고통 속에서도 한 걸음씩 나아가는 삶의 태도를 의미한다. 비와이의 가사는 이러한 철학을 신앙과 인내의 언어로 풀어낸다. 그는 "내 운명은 내 거야, 세상이 결정할 수 없어"라고 외치며 어둠 속에서도 빛을 향해 걸어간다. "믿음은 바라는 것들의 실상이요, 보이지 않는 것들의 증거니"라는 가사처럼, 그는 보이지 않아도 믿는 법을 안다. 이는 단순한 희망이 아니라 절망을 이기는 '믿음의 힘'이다. 한강의 소설 속 인물들은 말없이 견디는 존재들이다. 고통을 감추거나 과장하지 않고, 그 안에서 살아내는 과정을 보여준다. 그녀의 문장은 고통과 회복의 리듬을 조용히 따라가며, 억지로 위로하지 않고 독자로 하여금 자신 안의 힘을 다시 발견하게 만든다. "죽지 마"라는 문장이 반복되는 이유는 그것이 한 사람의 생명을 붙잡아 주는 가장 본질적인 언어이기 때문이다.

4

믿음을 향한 점프

자살은 진짜 믿음을 만나기 전,
가짜 믿음이 무너진 자리에 남겨진
절망의 얼굴이다.

F는 대구에 거주하는 40대 중반의 내과 의사이다. 학창 시절 그는 부모의 권유로 교회를 다녔지만, 대학 입시의 압박이 거세지면서 점차 신앙에서 멀어졌다. 특히 교회 안에서 마주했던 위선적인 말과 행동, 그리고 정답만을 강요하는 분위기는 그에게 깊은 회의감을 남겼고, 결국 대학 진학과 동시에 신앙을 떠나게 되었다.

의과대학 시절은 말 그대로 고통과 압박의 연속이었다. 인턴과 레지던트 시절은 그의 인간적인 감각을 무디게 만들었고, 자신도 모르는 사이 삶은 점점 메말라갔다. 지금 그는 대외적으로는 '성공한 의사'로 불린다. 아내는 그의 고단함을 조용히 감내하고 있으며, 초등학교 3학년 아들과 유치원에 다니는 딸은 늘 그를 반갑게 맞이해 준다. 그러나 F는 안다. 자신이 서서히 무너지고 있다는 사실을.

끝없는 과로와 야간 근무, 예측할 수 없는 응급 상황들 속에서 그는 점차 지쳐갔다. 어느 날, 동료의 권유로 시작한 항불안제 복용은 처음엔 단순한 긴장 해소용이었지만, 어느새 그것 없이는 잠들 수 없는 상태가 되었다. 그는 스스로를 "버티기 위한 최소한의 선택"이라며 합리화했지만, 그 역시 중독의 일환이었다. 여기에 더해진 또 하나의 탈출구는 인터넷 화투 도박이었다. 병원 대기 시간마다 몰래 접속한 게임은 현실을 잠시나마 잊게 해줬지만, 연패와 후회는 죄책감으로 되돌아왔다.

무엇보다 무거운 건, 아이들의 자는 얼굴을 볼 때마다 자신이 더는 도망칠 수 없다는 사실이었다. 한 새벽, 그는 병원 옥상 정원에서 담배를 피우며 아래를 내려다보다 문득 생각했다. "그냥 여기서 끝낼까?" 가족, 병원, 신앙, 중독, 실패… 모든 것을 내려놓고 싶었다. 그러나 바로 그때, 오래전 교회에서 들었던 한 문장이 떠올랐다. "믿음은 바라는 것들의 실상이요, 보이지 않는 것들의 증거니."

보이지 않아도 믿어야 한다는 그 말이, 그를 멈춰 세웠다.
그는 여전히 혼란 속에 있었다. 신념도, 길도, 정답도 없었다.
그러나 그는 아직 살아 있었다. 그리고 그 사실 하나만으로,
그의 이야기는 끝나지 않았다는 것을 그는 알고 있었다.

병원 옥상

새벽빛이 유리 벽 위로 천천히 미끄러졌다.
병원 옥상, 그 고요한 정원 위에,
한 남자가 서 있었다.

회색 하늘. 아직 빛이 다 도착하지 않은 시간.
유리창은 작은 바람에도 떨렸다.

그의 심장도, 그 떨림에 맞춰 조용히 흔들렸다.
F. 그는 내과 의사였다.

매일 죽음을 지나 삶을 복원해야 하는 자리.
하지만, 이상하게도.
그의 삶은, 어느 순간부터 뿌옇게, 흐릿하게 멀어졌다.
그는 알고 있었다.

수면제 없이는 잠들 수 없고,
도박으로 사라지는 시간과 돈,
그보다 더 깊은 것은, 자기 자신에 대한 신뢰였다.

가정은 있었다.
아이들의 웃음, 아내의 온기.
하지만 그는 점점 사라지고 있었다.
속이 비어갔고, 설명할 수 없는 것들을 견디지 못했다.

"설명되지 않으면, 진짜가 아니다."
그가 살아온 방식이었다.
그날 새벽은 달랐다.
소년이 올라왔다. 조용히 묻는다.

"여기서 음악 틀어도 돼요?"
F는 말없이 고개를 끄덕였다.
작은 스피커.
그리고 비트.
BewhY의 단단한 목소리.

"Holy Ghost is coming down, kneel.
성령 받아 새로운 것을 여전히 하는 놈
빛나는 혼을 자랑해 아버지 아들로
승리를 이미 아는 몸 그걸 위하는
넌 왜 피하느뇨
천국이 임할 때 태워질 거야 너의 디아블로

무릎이 이끄는 신세대가 부흥 일으켜
새로 뜬 눈 하늘의 부 보는 Dejavu
지는 거 대체 어케하누?
난 왜 아무 말 못 하는 거
그저 난 나대로 행할 뿐"

소년은 눈을 감고 따라 부른다.
작은 입술 사이로, 가사가 새어 나왔다.

그 순간, 무언가가 그의 안에서 무너졌다.
그는 깨닫는다.
그동안 외면했던 것.
거부했던 것.
이 노래 속에 있었다.

어릴 적 듣던 한 문장이 떠오른다.
"믿음은 바라는 것들의 실상이요, 보이지 않는 것들의 증거니."

그는 오래 생각했다.
"믿음은 어떻게 증명되는가."
그러나 지금 그는 알 것 같았다.

믿음은 증명될 수 없기에, 믿는 것이다.
그는 난간 가까이 다가갔다.
담배를 껐다.
그리고 혼잣말처럼 중얼거렸다.
"그래, 나 점프 할 거야.
건물에서가 아니라… 믿음 안으로."

그때,
오래전부터 그의 안에 있었던 문장들이
시처럼, 흘러나왔다.

Jump

사랑은 사랑받는 이를 바꾸지 않는다,
사랑은 너를 바꾼다.

사랑은 준다.
그리고 앗아간다.

무관심하지 마.
너 자신에게조차 낯선 자가 되지 마라.
자유로워져라.
진짜 너 자신이 되어라.

불안은 자유의 현기증이다.
삶의 가장 큰 위험은
불안하지 않는 것이다.
모험하지 않는 것이다.
자유를 피하는 것이다.

넌 자유롭다.
그러나,

너는 있는 자유를 쓰지 않고,
없는 자유를 요구한다.

행복은 바깥에 없고,
안에 있다.
믿음은 이해할 수 없기 때문에 믿는 것이다.

믿음은 덫이다.
네가 믿음을 붙잡는 게 아니라,
믿음이 너를 붙잡는다.
삶은 돌아보아야 이해되고,
앞을 향해 살아야 한다.

아름다운 것들은
보거나 읽거나 듣는 것이 아니라,
살아내는 것이다.

F는 눈을 떴다

F는 눈을 떴다.
소년은 내려가고 없었다.
혼자인 공간.
그러나 그는 더 이상 혼자가 아니었다.
처음으로 자기 이름을 속으로 불러보았다.
남을 위한 삶이 아닌,
자기를 향한 부름.
그는 말했다.

"나는 뛴다. 믿음 안으로."

완전히 이해하지 않아도 된다.
이제 그는 안다.

걷기 때문에 길이 생기고,
믿기 때문에 살아진다는 것.

그는 천천히 몸을 돌렸다.
난간은 그대로 있었고,

마음은 전혀 다른 곳에 있었다.

그는 절벽에서가 아니라,
가능성 위로
믿음이라는 이름의 공간으로
뛰어올랐다.

신념의 비행

길은 없었다.
그러나 한 걸음. 또 한 걸음.
그는 걸었다.
이유 없이. 설명 없이.
그러나 누군가 말했다.

"별이 되기 위해선, 밤을 견뎌야 해."

그는 그 밤 속을 걷고 있었다.
F는 이제 확신을 기다리지 않는다.

그는 자기 자신이라는 존재를 받아들이고,
불안이라는 진동 속에서 걷기를 선택했다.

소년의 목소리와
비와이의 가사,
시처럼 다가온 진실 속에서
그는 스스로에게 속삭인다.
믿음은 삶의 가장 큰 열정이다.

이해 넘어,
설명 넘어,
살기 위해,
그는 오늘, 믿는다.

Jump.

그리고 살아라.
네가 누구인지 되기 위해.
그 '진짜'가 되기 위해.

Faith

'믿음'이란 확실함을 붙드는 것이 아니라, 불확실함을 껴안고 자신 너머에 있는 무언가를 신뢰하는 용기에서 시작된다고 키르케고르는 말한다. 그는 진정한 믿음은 논리적 설명이나 보이는 증거가 아니라, 알 수 없기에 믿는 '도약(Jump)'이라고 강조한다. 이러한 믿음은 종교에만 국한되지 않는다. 상처에서 회복될 수 있다는 가능성, 다시 일어설 수 있다는 희망, 두 번째 기회를 향한 기대—이 모든 것이 '믿음'이라는 이름으로 사람을 다시 살아가게 한다. 절망 가운데 있는 이들에게 믿음은 곧 삶에 대한 마지막 끈이 될 수 있다.

래퍼 비와이(BewhY)는 그의 음악 속에서 깊은 영적 신뢰를 바탕으로 한 메시지를 끊임없이 전해 왔다. "**Holy Ghost is Coming Down, Kneel**", "**우린 주의 꿈이고 그의 눈엔 우린 반짝이는 별이야**", "**주가 맡긴다, 찾는 이의 복음은 이제 우리 앞에**"와 같은 가사들은 하나님을 향한 확신과 부르심 속에서 살아가는 존재로서의 정체성을 드러낸다. 그는 "나는 보는 것으로 살지 않고, 믿음으로 걷는다"는 고백을 통해, 방향이 보이지 않을 때조차 앞으로 나아가는 믿음의 본질을 이야기한다.

이러한 믿음은 특히 대구와 같은 전통적이고 보수적인 사회 속에서 더욱 필요하다. 청년들은 사회적 기대에 눌려 자신을 잃기도 하고, 신앙과 제도 종교에 대해 회의감을 갖기도 한다. "무슨 의미가 있지?"라는 존재론적 의문이 마음 깊이 자리할 때, 믿음은 단순한 신념을 넘어, 삶의 방향을 다시 설정할 수 있는 용기가 된다.

믿음은 완벽한 확신이 아니다. 믿음은 절망보다 큰 어떤 가능성을 향해 발을 내딛는 행위이다. 그것이 하나님일 수도 있고, 나 자신일 수도 있으며, 나를 사랑해 주는 사람들일 수도 있다. 우리가 도착지를 알지 못해도, 그 길을 걸어야만 길이 생긴다. 목적지를 몰라도 괜찮다. 그저 계속 나아가면 됩니다. 믿음은, 그렇게 '살아가는 선택'이다.

5

사라진 목적의 자리에서

자살은 더 이상 삶의 목적이
없다고 믿는 절망의 결정이다.

P는 광주에 사는 60대 후반의 택시 기사다. 해가 뜨기 전, 도시가 아직 어둠 속에 잠겨 있을 때 그는 차에 시동을 건다. 조용한 도로 위를 달리며 손님을 태우고 내리는 동안에도 그는 말을 거의 하지 않는다. 라디오에서 나오는 뉴스 소리보다 더 선명한 것은 그의 가슴속 깊은 곳에서 여전히 살아 있는 기억들이다.

그의 삶은 1980년 5월에서 멈췄다. 5·18 광주민주화운동 당시, 그는 막 스무 살이 되었고, 형은 대학에서 철학을 공부하던 청년이었다. 형은 계엄군의 폭력에 맞서 시민들을 보호하기 위해 거리로 나갔고, 그날 오후 총에 맞아 숨졌다. 피 냄새와 총성, 울부짖는 사람들, 그리고 형의 싸늘한 얼굴. P는 아무 말도 하지 못한 채, 형의 시신 앞에 서 있었다. 그날 이후 그는 더 이상 똑같은 사람이 아니었다.

형을 잃은 이후에도 그는 살아야 했다. 하지만 그것은 생존일 뿐, 삶이 아니었다. 그는 사랑하는 사람들과 점점 멀어졌고, 결국 아내와는 이혼했고 자식들과의 연락도 끊겼다. 외로움은 깊어졌고, 그는 술과 경마, 그리고 불법 도박 사이트에 점점 더 많은 시간을 쏟아부었다. 아무도 자신을 필요로 하지 않는다는 생각은 점점 확신이 되었고, 그는 병원에서 우연히 처방받은 수면제를 모으기 시작했다. 언젠가, 아무도 모르게 조용히 사라질 날을 위해.

그는 자신이 외상후 스트레스 장애, PTSD를 앓고 있다는 것을 알고 있었지만, 입 밖으로 꺼낸 적은 없다. 그것을 인정하는 순간 자신이 약해지는 것 같았고, 이미 너무 많은 것을 잃어버린 지금, 연약해질 여유조차 없었다. 그는 스스로를 벌하며 살아왔다. 살아남았다는 죄책감, 형을 지키지 못했다는 무력감, 그리고 목적 없는 삶에 대한 분노가 뒤섞인 채.

그러던 어느 날, 그는 손님을 기다리던 중 서점에 들렸고, 우연히 한강의 『소년이 온다』를 집어 들었다. 5월을 다시 들

취보고 싶지는 않았지만, 무언가에 이끌리듯 책장을 넘겼다. 그리고 다섯 번째 장의 마지막 문장에서 걸음을 멈췄다. "죽지 마." "죽지 말아요." 단순한 문장이었지만, 그것은 그에게 형이 말하는 듯한 목소리로 다가왔다. 가슴 깊은 곳에서 무언가가 흔들리기 시작했다. 오랫동안 묻어두었던 고통과 기억이 고개를 들었다.

형이 생전에 아꼈던 책 중 하나는 키르케고르의 철학서였다. 그는 그 책에서 '절망은 목적 없는 상태'라는 문장을 기억했다. 젊은 시절엔 그 말이 이해되지 않았지만, 이제야 그 의미가 다가왔다. 그는 형의 죽음 이후 자신이 삶의 목적을 완전히 포기해 왔다는 사실을 인정했다. 그리고 그것이 그를 서서히 무너뜨리고 있었다는 것도.

그날 밤, 그는 서랍을 열어두고 있던 수면제 병을 조용히 깊은 곳에 넣었다. 그리고 형이 읽던 철학서를 다시 꺼내 택시 뒷좌석에 두기 시작했다. 손님 중 누군가 우연히 펼쳐 보게 되기를 바라는 마음으로. 책갈피에는 조용히 이렇게 적었다. "당신은 쓸모없는 존재가 아닙니다. 아직 길을 만들고 있는 중일 뿐입니다."

P는 아직 혼란스럽다. 목적이 단번에 생긴 것도 아니고, 삶이 갑자기 가벼워진 것도 아니다. 그러나 그는 안다. 어쩌면 삶의 목적이란 주어지는 것이 아니라, 스스로 만들어가는 것이라는 사실을. 그리고 아직 늦지 않았다는 것을. 아주 작은 기억 하나가, 아주 작은 문장이, 한 사람의 삶을 다시 시작하게 할 수 있다는 것을.

광주는 아직 어둠 속에 있었다

광주는 아직 어둠 속에 있었다.
하늘은 희고 창백한 안개로 덮여 있었고,
도시는 어딘가 숨을 멈춘 듯 조용했다.

P는 택시 안에서 몸을 조금씩 구부렸다가 펴며 담배를 꺼내 들었다.
그는 68세.
누가 보기엔 은퇴를 준비할 나이지만,
그는 매일 헨들을 잡는다.

기름값과 소주값,
그리고 무언가에서 도망치기 위한 핑계로.

오늘은 손님이 없었다.
그는 차를 길가에 세운 채,
라디오도 켜지 않은 채 앉아 있었다.
손등엔 햇볕에 그을린 검은 점들이 퍼져 있었고,
손톱은 단정했지만 마른 살갗 아래로 떨림이 느껴졌다.

한 손에는 작은 책이 있었다.
《소년이 온다》
그는 다섯 번째 장의 마지막 문장에서 눈을 떼지 못했다.

"죽지 마. 죽지 말아요."

그 문장을 읽고 책을 덮었을 때,
그의 귀 안에서 오랜 시간 잠들어 있던 무언가가 천천히 깨어났다.

형의 목소리.
1980년 5월의 거리.
광주 금남로.
형의 눈.
총성과 비명.
그리고, 피.

형의 방

형은 철학책 위에 손을 얹고 자곤 했다
그 손등은 늘 따뜻했고
말보다 더 많은 것을 건네주곤 했다

내가 본 마지막 형의 얼굴은
흙과 피가 뒤섞인 골목 아래
눈을 뜬 채로
나를 보지 않던 표정이었다

형이 사라진 자리엔
책 몇 권과
"죽지 마"라는 말이 남았다.

그는 살아남았다.
그가 죽었다면, 형처럼 이름 없는 묘에 묻혔을 것이다.
하지만 그는 살아있었다.
숨을 쉬고, 운전을 하고, 잊기 위해 술을 마시고, 말없이 약을 삼키며 살아왔다.

수면제는 그의 서랍에 차곡차곡 쌓여 있었다.
그가 언젠가 '충분히 괜찮지 않을 때'를 위해 모아둔 마지막 선택지였다.

그는 자주 경마장을 갔고,
법 베팅 앱을 켜며 혼잣말을 했다.
"그래, 이런 게 낫지. 생각 안 해도 되니까."

하지만 어젯밤,
그는 처음으로 형이 읽던 책을 꺼냈다.

키르케고르.
어려웠다. 읽히지 않았다.
그런데, 한 문장이 유난히 또렷하게 박혔다.

"목적 없이 사는 것이야말로 절망이다."

그 문장 앞에서 그는 갑자기 멈췄다.
마치 오래된 방 안에서 먼지가 흩날리는 순간처럼,
그의 심장은 낡았지만 살아 있는 무언가를 되찾으려 했다.

그날, 차 안에서 한 청년이 라디오를 켰다.

그는 택시 뒷좌석에 앉아 조용히 말했다.
"기사님, 이 노래 좋아하세요?"

스피커에서는 비와이의 곡이 흘러나왔다.
"Holy Ghost is coming down, kneel.
우린 주의 꿈이고 그의 눈엔 우린 반짝이는 별이야.
주가 맡긴다 찾는 이의 복음은 이제 우리 앞에."

그 순간, P는 어딘가 깊숙한 곳이 무너지는 소리를 들었다.
믿음. 목적. 복음. 별.

그 단어들이
광주의 피냄새, 형의 손등, 그리고
자신이 살아내고 말지 못했던 나날들 위에 떨어졌다.

그는 담배를 끄고 조용히 말했다.
"목적이란 게… 다 어디 가버렸지."

청년은 무슨 말인지 이해하지 못했지만, 미소를 지었다.
P는 다시 책을 펼쳤다.
그리고 차창 너머로 외쳤다.
조용하지만 단단한 목소리로.

"죽지 마."
"죽지 마."
"목적은… 아직 만들어지는 중이니까."

그는 차 안에 남아 있던 수면제 통을 꺼내어,
쓰레기통에 조용히 던져 넣었다.

P는 아직 외롭다.
가족은 돌아오지 않았고, 형은 돌아오지 않는다.
하지만 그는 매일 아침 차 안에서 책을 펴고, 손님에게 말을 건다.

"오늘은 어떤 하루였어요?"

그의 하루는 여전히 조용하고, 여전히 무채색이다.
그러나 이제는,
작은 숨결만큼의 목적이 있다.

**"삶의 반대는 죽음이 아닌
움직임이 없는 것."** (BewhY - Scar)

그는 이제 움직인다.
조금씩, 느리지만
형이 남긴 책 위를 따라
자신만의 목적을 다시 적기 시작한다.

기억의 무게, 회복의 속도

광주는 봄이었다.
벚꽃은 지고 있었고,
바람은 흙냄새와 함께 오래된 아스팔트 위로 작은 꽃잎을 굴렸다.

P는 그날도 운전대를 잡고 있었다.
그는 이제 대부분의 말을 줄였다.
택시에 타는 손님들의 목적지를 묻고, 목적지에 도착하면 금액을 말하는 것. 그게 하루의 전부였다.

그러던 어느 날,
그의 차에 한 청년이 올라탔다.
군색한 옷차림에, 어딘가 말라 있는 얼굴.
"망월동 국립묘지로 가주세요."

P는 무심히 고개를 끄덕였다.
거기는 그가 가장 피하고 싶던 방향이었다.
그러나 핸들은 이미 움직이고 있었다.

청년은 말이 없었다.
그러다 조심스럽게 입을 열었다.
"혹시… 80년 광주 기억하세요?"

그 질문은 날카로운 유리 조각 같았다.
P는 순간, 브레이크를 밟고 싶었다.
하지만 차는 계속 나아갔다.

"우리 외삼촌이 그때 실종됐어요.
대학생이셨대요.
철학 전공… 키르케고르 책을 많이 읽으셨다던데…"

청년이 말을 흐리자, P는 숨을 들이마셨다.
폐 한쪽이 오그라드는 느낌.
심장이 낡은 사진처럼 접혔다.

"너 외삼촌 이름이… 혹시…"
P는 그 이름을 뱉지 못했다.
왜냐하면, 그 이름은 아직 그의 꿈에서 매일 불타고 있었기 때문이다.

그는 차를 묵묵히 몰았다.

청년은 창밖을 바라보며 말했다.

"요즘 너무 무기력했어요. 아무 의미도 못 느끼겠고.
근데요, 한강 작가 책을 읽었는데요…
거기, 5장 마지막에 이런 말이 있었어요.
'죽지 마. 죽지 말아요.'
그 말이 자꾸 귀에 맴돌아요."

P는 도착한 묘지 입구에서 차를 세웠다.
그리고 처음으로, 그를 바라봤다.

"그 말…
그거, 진짜야."
청년은 놀란 눈으로 P를 보았다.
P는 깊은 숨을 들이쉬며 말했다.

"나는 그 말을 너무 늦게 들었어.
'기억해. 우리가 왜 싸우는지. 잊지 마.'
그 말을 잊으려 평생 술 마셨고, 도박했고…
결국 내 삶에서 나조차 사라졌지."

그는 무릎 위에 손을 올렸다.

떨리는 손가락 사이에, 흰 약봉지가 살짝 보였다.
청년이 그걸 보았지만 아무 말도 하지 않았다.
그저 아주 천천히, 말했다.

"잊지 마세요.
삼촌 이름도, 당신의 기억도요.
그게 아직 살아 있다는 증거니까요."

그 말에, P는 갑자기 울고 싶어졌다.
오랜 세월 가슴 안에서 굳어 있던 눈물이
이 작은 대화 하나에 풀리는 듯했다.

청년은 내려 인사를 하고,
묘지 입구로 천천히 걸어갔다.

P는 그 자리에 오래 앉아 있었다.
운전석에, 오래된 그늘처럼.

그리고, 약봉지를 손에 쥔 채,
조용히 그것을 글러브 박스 깊은 곳에 밀어 넣었다.
그러고는 라디오를 켰다.

라디오에서 들려오는 음악.
비와이의 목소리였다.

*"삶의 반대는 죽음이 아닌,
움직임이 없는 것."*
"나는 이름의 시대를 만들지어다."

그는 고개를 떨군 채 웃었다.
그래, 아직 늦지 않았다면
내가 할 수 있는 건
기억하고, 말하는 것이다.

그의 손이 시동을 다시 걸었다.
그리고 차는 천천히 다시 도로로 향했다.
이제 그는 한 줄을 알고 있었다.

*목적은 정해진 게 아니라,
기억 위에 세워지는 것이다.*

형의 책갈피

가죽으로 된 오래된 책 한 권
마지막 페이지에 접혀 있는 책갈피
그날 이후 펼쳐지지 않은 문장

"진리는 사는 것으로 증명되는 것이다."

나는 아직 살아 있다.
그러니 나도, 살아보겠다.

'기억'은 시간을 거슬러 살아남는다.

P는 회복이 무엇인지 몰랐지만,
다른 세대에게 한 문장을 전하며
자신의 과거에 조용히 불을 붙였다.

그것이 치유가 될 수 있음을
그는 알지 못했지만,
그 순간
이미 시작되고 있었다.

이름을 건너는 길

며칠이 지났다.
청년은 다시 P의 택시에 올랐다.
이번엔 대화 없이, 조용히 창밖만 바라보았다.
P도 말이 없었다.

청년은 봉투 하나를 내밀었다.
"이건… 삼촌 책이에요. 형이 쓰던 거라고 하셨죠?
도서관 열람기록으로 찾았어요.
마지막으로 대출했던 책, 여기 있어요."

《죽음에 이르는 병》

책 표지는 닳아 있었고, 가장자리는 조금 찢어져 있었다.
속지를 넘기자, 형의 필기체로 한 문장이 적혀 있었다.

"나는 그를 믿는다. 내가 알 수 없기 때문에, 믿는다."

P는 오래도록 책을 바라보다,
입을 열었다.

"고맙다. 너한테 이 책이 더 어울릴 줄 알았는데…
내가 지금 필요하네."

청년은 고개를 끄덕였다.
"형은 진리를 공부했지만, 아마 살아내는 게 더 어려웠을 거예요. 그래서 저는… 살아보려고 해요. 그게 형을 기억하는 방법 같아요."

그 말에 P는 묻는다.
"넌… 뭘 하려고?"

청년은 조용히 대답한다.
"기록이요. 광주를, 형을, 당신을. 잊지 않기 위해 써보려고요."

P는 처음으로 깊게 웃었다.
"그래, 그럼 나도 할 게 있네."

그는 조수석 아래를 뒤적이며,
낡은 흑백사진 한 장을 꺼냈다.
군중 속에서 손을 들고 서 있던 형의 모습.
그리고 그 옆, 눈을 질끈 감고 있었던 젊은 P 자신.

"이 사진, 누구에게도 보여준 적 없어.
이젠 보여줄게.
네가 잊지 않을 거니까."

그들은 그날, 함께 묘지를 찾았다.
그리고 청년은 메모장을 꺼내, 천천히 적기 시작했다.
이름.
날짜.
상처.
증언.
그리고… 다짐.

기억은 한 사람에게 끝나지 않는다.
그것은 이어지고, 전해지고, 다시 쓰인다.
P는 더 이상 기억의 무게에 눌리지 않는다.
그는 누군가와 함께 그것을 들 수 있게 되었다.
청년은 더 이상 혼자가 아니다.
두 사람은 서로에게 말한다.

"우리, 이름을 잃지 말자."
"우리, 다시 살아보자."

P와 청년은 작은 기록 프로젝트를 시작한다.
시민의 이야기, 잊힌 이름들,
묵 속의 생존자들을 찾아간다.
그리고 그 여정 속에서 P는 처음으로,
누군가의 '기억'이 아닌,
자신의 '미래'를 바라보기 시작한다.

Purpose

'목적'은 키르케고르에게 있어 삶의 절망을 이겨내는 핵심 요소였다. 그는 목적 없이 사는 것이야말로 진정한 절망이라고 보았고, 인간은 각자 고유한 존재 이유를 찾아야 한다고 말했다. 이 목적은 누군가로부터 주어지는 것이 아니라, 스스로 만들어가는 것이라 강조했다. 많은 한국인이 삶에서 방향을 잃고 방황한다. 무엇을 위해 살아야 할지, 자신에게 어떤 가치가 있는지를 찾지 못하고 허무감에 휩싸인다. 하지만 이 책은 그들에게 말하고자 한다. "아직 당신의 삶에는 의미가 있다. 아직 발견하지 못했을 뿐이다."

비와이는 그의 음악을 통해 명성과 성공을 넘어서 더 큰 목적을 추구하는 메시지를 전한다. 그는 단순히 박수갈채를 위한 랩이 아니라, 자신이 세상에 전하고 싶은 진심을 담아 노래한다. "나는 예술가의 길로 폼 잡고 걸어가고 싶어." "내 이름의 시대를 만들지어다." "삶의 반대는 죽음이 아닌 움직임이 없는 것." 그의 가사는 삶에 있어 목적과 열정이 얼마나 중요한지를 강하게 말해준다. 삶은 정체되어 있을 때 죽은 것과 같으며, 비록 완벽하지 않아도 스스로 의미를 부여하며 앞으로 나아갈 때 진짜 살아 있는 존재가 된다는 것이다.

한강의 문체는 이 메시지를 조용하지만 깊이 있게 전달할 수 있는 힘이 있다. 《소년이 온다》에서 보여준 것처럼, 한 인물이 살아남는 이유는 거창한 변화가 아니라 아주 작은 기억, 고통을 견디며 나아가는 자세, 그리고 타인을 위한 연민에서 비롯된다. 삶의 의미는 거대한 목표에서 오는 것이 아니라, 살아 있다는 그 자체의 고요한 축적 속에서 피어나는 것일 수 있다.

"인생이 무의미하다고 느끼는 것은, 단지 공허함의 증상이다." 이는 어떤 배고픔도 느껴보지 못했을 때 생기는 감각이라는 시구처럼, 인간은 갈망할 때 비로소 삶의 의미를 깨닫는다. 의미는 '발견하는 것'이 아니라 '쌓아가는 것'이다. 이것이 우리가 살아야 할 이유이며, 매일 조금씩 살아내야 하는 이유이다. 삶의 목적은 밖에서 주어지는 것이 아니라, 자신이 살아내는 방식 안에서 조금씩 형성되는 것이다.

당신은 지금 완성된 존재가 아니다. 아직 만들어지고 있는 중이다.
궁극적인 목적을 지금 당장 몰라도 괜찮다.
그저 당신을 살아있게 하는 일을 하나라도 시작해 보라.
그곳에서부터 의미는 만들어지기 시작한다.

6

나에게로 걷는 길

자살은 '진짜 나'로 살 길을 잃은 영혼이
택하는 가장 고독한 탈출이다.

'T'는 대전에서 사는 50대 초반의 한국 여성이다. 겉보기에 그녀의 삶은 평범한 중산층 주부의 일상이다. 서울에서 자라 대학에 다녔고, 그곳에서 지금의 남편을 만났다. 결혼 후 대전으로 내려와 살림을 꾸리고 딸을 낳았다. 딸은 이제 성장하여 서울에서 직장 생활을 하며 독립했고, 'T'는 다시 혼자가 되었다. 오랜 육아의 시간이 끝나고 난 후, 그녀에게는 시간과 자유가 주어졌지만, 오히려 그 자유 속에서 그녀는 방향을 잃었다.

그녀는 하루의 많은 시간을 인터넷 쇼핑과 친구들과의 카카오톡 대화로 채운다. 친구들의 집 인테리어, 옷, 여행 사진은 비교와 불안을 자극하고, 자신도 그 흐름에 따라 옷을 사고 커튼을 바꾸고 화장품을 바꾼다. 하지만 그 모든 소비 뒤에도 채워지지 않는 공허함이 남는다. 자신이 누구인지, 무엇을 원하는지조차 모른다는 사실이 가장 불안하다. "나는 어떤 옷을 좋아하지?" 그녀는 스스로에게 묻지만, 그 질문은 언제나 침묵으로 돌아온다.

T는 삼 남매 중 둘째로 태어나 어린 시절부터 늘 중간에서 눈치를 보고 자랐다. 인정받고 싶은 욕구는 끊임없었고, 그 욕구는 결혼 후에도 남편과 친구들, 심지어 모임의 지인들까지 향했다. 늘 잘 보이고 싶었고, 사랑받고 싶었으며, 타인의 시선으로 자신을 규정했다. 남편의 직장에서의 성과는 곧 자신의 자존감이 되었고, 남편이 위기에 처할 때마다 그녀는 불안과 분노를 동시에 표출했다.

그녀가 열여덟이던 고등학교 시절, 같은 반 친구 하나가 학교 화장실에서 목을 매달았다. 그 친구를 가장 먼저 발견한 사람이 바로 그녀였다. 그날 이후, '죽음'은 그녀의 삶 어디에선가 늘 조용히 존재해 왔다. 한동안 그 기억을 잊고 살았지만, 딸이 떠나고, 더 이상 누구도 그녀를 필요로 하지 않는 지금, 그 기억이 다시 살아났다.

며칠 전, 대전의 새로 생긴 백화점 커튼 매장에서 친구처럼 집을 꾸미기 위해 커튼을 고르던 중, 장식용 로프를 만지는 순간 그녀의 손이 멈췄다. 그 로프의 질감은 고등학교 화장실에 있던 그날의 끈과 너무도 비슷했다. 눈앞이 흐려지고, 갑작스런 숨 막힘과 함께 손끝이 떨렸다. '그냥…나도 이렇게 끝내면 조용해질까?'—그 생각이 아주 짧게 스쳐 지나갔다.

하지만 그날 밤, 그녀는 오래전 고등학교 일기장을 꺼냈다. 거기엔 죽은 친구가 생전에 마지막으로 쓴 글이 담겨 있었다. "나 말고는 다 괜찮은 것 같아. 하지만 나는 너무 외로워." 그 문장을 천천히 읽으며, 'I'는 처음으로 자신이 지금 어떤 외로움에 놓여 있는지 마주했다. 늘 누군가가 되기 위해 애썼지만, 정작 자기 자신이 되어본 적은 한 번도 없었다는 것.

그녀는 아직 누구인지 모르지만, 이제야 처음으로 그 질문을 던질 준비가 되었다. 그리고 그 질문은, 그녀가 다시 살아가기 위한 첫 문장이 될 것이다.

새 커튼

T는 조금 더 밝은 표정을 하고 있었다.
누군가의 집이 새롭게 단장되었고,
그 이미지를 스크롤 하던 손끝에 작은 부러움이 얹혔다.
그 감정은 조용히, 그녀를 여기까지 데려왔다.

사이좋게 주름진 커튼 천을 손끝으로 더듬으며
그녀는 오랜만에 '선택'이라는 것을 하고 있는 듯했다.
그 순간,
손이 멈췄다.

장식용 로프.
굵고 단단한, 마치 오래전 무언가를 감쌌던 매듭 같은 것.
그 질감은 기억의 문을 열었다.

갑자기 스스로도 의식하지 못한 채,
그녀는 열여덟 살, 교복을 입고
화장실 문을 열던 순간으로 돌아갔다.
노트 한 장.
거기에 적힌 글씨.

*"나 말고는 다 괜찮은 것 같아.
하지만 나는 너무 외로워."*

그리고
문 위에 매달려 있던 친구의 작은 두 발.

숨이 막혔다.
실제로도, 감정으로도.
사람들은 그 일이 잊혔다고 믿었고,
그녀 역시 육아와 집안일이라는 반복 속에 묻었다고 여겼다.
그러나 그것은 사라진 것이 아니라,
잠시 조용히, 그녀 안에서 웅크리고 있었던 것이다.

그녀는 자신이 누구인지 한 번도 정확히 알지 못했다.
늘 타인의 시선을 따라 움직였고,
그에 맞는 옷을 입었고,
그에 걸맞은 삶을 살기 위해 몸을 기울였다.
남편의 회사가 흔들릴 때마다
그녀의 자존감도 함께 흔들렸다.

딸이 떠난 뒤,

그 빈자리는 공허로만 남았고,
쇼핑으로도 채워지지 않았다.

그날 밤,
그녀는 서랍 깊숙이 넣어두었던
고등학교 시절의 일기장을 꺼냈다.

먼지가 얇게 덮인 노트를 천천히 펼쳤다.
그리고 알아차렸다.
자신이 지금껏 단 한 번도,
자기 자신으로 살아본 적 없다는 것을.

그것은,
가장 조용한 종류의
슬픔이었다.

"나 말고는 다 괜찮은 것 같아."

그 문장을 다시 읽은 그녀는 알았다.
지금의 자신도
그 아이와 다르지 않다는 것을.

그러나 어쩌면,
지금이야말로
그 다름을 시작할 수 있는 첫 순간일지도 모른다고.

"언제부터인지는 확실치 않지만 산다는 것이 버스를 타고 다 같이 여행하는 것이 아닌 오토바이의 홀로서기의 질주함이 아닌가 하는 생각을 시작했다. 그러한 삶의 철저한 '하나 됨'을 의식하면서부터 오히려 내 주위에 모든 영혼을 귀중히 여기게 되었다. 홀로되기 전엔 공존할 수 없음을 깨달았다."

땅을 낮으는 비행기

옆의 프로펠러 비행기가 뜨기 시작했다
열심히 달리다 보면
비행기는 뜬다더니…

정말,
우리는 열심히 달렸다

어,
왼쪽 친구도 뜨기 시작한다

나도 한번 떠 보고 싶어
더 열심히 달린다

왼쪽
오른쪽
앞쪽
뒤쪽
몽땅 떠오르는데…

나는 뭐야!
쪼끔은 그분께 불평…

그분이 말씀하셨다
얘야, 너는 오토바이잖아!

키르케고르가 말했다.
"자기 자신이 되려는 것은 이 세상에서 가장 힘든 싸움이다."

그리고 또 말했다.
"사랑은 사랑받는 이를 바꾸지 않는다. 사랑은 너를 바꾼다."

'I'는 이 문장을 읽고 멈춰 섰다.
이제껏 그녀는 누군가가 되기 위해 살아왔다.
남편의 아내, 딸의 어머니, 친구들의 '괜찮은 사람'.
하지만 누구도 그녀에게 "당신은 누구냐"고 묻지 않았다.
아니, 그녀 스스로도.

그날 이후, 그녀는 새 커튼을 사지 않았다.
대신 거실 벽에 작은 글귀를 붙여두었다.

'나에게로 가는 길은 어디에?'

친구들과의 대화도 줄였다.
쇼핑 앱도 삭제했다.
그리고 하루에 한 문장씩, 자기 자신에게 편지를 썼다.

"나는 오늘 조용한 음악을 좋아했다."
"나는 혼자 산책하며 편안함을 느꼈다."
"나는 여전히, 살아 있다."

그녀는 이제야 알았다.
삶은 모두 함께 타는 버스가 아니라,
혼자 달리는 오토바이일 수 있다는 것을.

길 위에선 흔들리고 넘어질 수도 있다.
하지만 그 방향은, 자신의 것이다.

당신은 아직 날아오르지 못했을 수도 있다.
하지만 그것이 실패는 아니다.

당신은 비행기가 아니라, 오토바이일 수도 있다.
그리고 오토바이는,
자신만의 땅을, 속도를, 방향을 가진다.

당신의 삶은 다르다.

그러나 그렇다고 해서,
잃은 것이 아니다.
틀린 것이 아니다.

나에게로 걷는 길

방 안 가득, 빛이 천천히 번졌다.
새벽 다섯 시 반.
창문 틈으로 들어온 햇빛이 벽지를 지나 천천히 그녀의 얼굴을 스쳤다.

그녀는 오늘도 일찍 일어났다.
그런데 달랐다.
이전처럼 할 일 없이 일어난 것이 아니었다.
오늘은, 일기를 쓰기 위해 일어난 아침이었다.

"3월 18일. 오늘의 나는 가만히 있는 것에 감사하고 싶다."

그녀는 자그마한 노트에, 말하듯 써 내려갔다.
딱히 문장이 예쁘지 않아도, 틀려도, 괜찮았다.
이건 남에게 보이기 위한 문장이 아니었으니까.

나에게로 가는 길의 첫걸음이었다.

동네 도서관

며칠 전, 동네 도서관을 걷다 우연히 한 공방을 발견했다.
문을 열었을 때, 안에는 조용한
필 깎는 소리와 종이 냄새가 있었다.

"자서전 쓰기 클래스입니다. 누구나 참여 가능해요."

그녀는 처음엔 멈칫했지만, 결국 이름을 적었다.
처음 써본 자기소개 글은 너무 평범해서 눈물이 났다.
그러나 그 평범함 속에, 처음으로 자신이 앉아 있었다.

"나는 어떤 사람이었는가.
나는 누구를 사랑했는가.
나는 지금 누구인가."

그녀는 문장을 쓰며 처음으로
'나'를 3인칭처럼 바라볼 수 있었다.

그것은 약간의 거리감을 주었고,
동시에 조금의 온기를 가져왔다.

전화

딸에게 처음으로 전화를 걸었다.
특별한 이유는 없었다.
그녀는 통화 버튼을 누르기 전, 30분간 멈춰 있었다.

"엄마, 무슨 일 있어?"
"아니… 그냥 네 목소리 듣고 싶어서."

그 짧은 말에, 딸은 말이 없었다.
그러다 천천히 말했다.
"엄마, 나도… 가끔 엄마 보고 싶어."

전화기를 놓은 뒤, 그녀는 오래 울었다.
무엇을 잃었는지도 모른 채 달려온 세월 속에서,
그녀는 잊고 있었다.

사랑은 여전히 가능하다는 것.
그리고,
다시 시작할 수 있다는 것.

나에게 쓰는 편지

지금껏
너는 많은 사람의 이름으로 살아왔다
아내,
엄마,
친구,
그 누구의 그림자

하지만 지금,
너는 네 이름을 다시 부르고 있다

조용히,
조금은 떨리는 목소리로

"나는 나야."

그 말이
얼마나 오래도록
말해지지 못한 문장이었는지

스케치북

어느 날, 그녀는 작은 스케치북을 꺼냈다.
펜을 잡고, 눈을 감고, 선을 그었다.
선은 삐뚤고 엉성했지만
그것은 분명 '그녀의 선'이었다.

BewhY의 가사가 이어폰 너머로 들렸다.

"나는 Uno, 내 팀 Uno.
남들이 정해놓은 삶이 아니라,
내가 원하는 삶을 살 수 있다."

그녀는 문득 웃었다.
딸이 한때 좋아하던 래퍼였는데,
그때는 소음 같았던 그 음악이,
이제는 선언처럼 들렸다.

커튼

그날 밤,
그녀는 처음으로 자신을 위한 커튼을 골랐다.
친구의 취향이 아닌,
남편의 조언이 아닌,
자신이 좋아하는 색과 질감으로.

천을 만지며 속으로 말했다.
"이건 나를 위한 거야."

그것은 작은 선택이었다.
그러나 그녀의 세계에서는
처음으로 '자기 자신'이 기준이 된 선택이었다.

홀로 서기

홀로 설 수 있다는 것.
그 외로움을 견딜 수 있다는 것.
그리고 그 자리에 나를 심을 수 있다는 것.

당신은,
비행기가 아니라 오토바이다.

당신은,
조금은 덜 떠오르지만,
땅을 달리는 그 소리에는
당신만의 진동과 리듬과 길이 있다.

"나는 아직 완성되지 않았지만,
지금 나는, 나에게로 걷고 있다."

Individuality(개성)

키르케고르(Søren Kierkegaard)는 사회의 기대에 따르는 것보다, 자신에게 진실한 삶을 사는 것이 더 중요하다고 말한다. 그는 '군중 속에서 자기를 잃지 않는 것'이 가장 치열한 싸움이라고 보았다. 이는 오늘날 많은 한국 청년이 겪고 있는 '획일화의 압박'과 깊이 연결된다. 우리는 종종 정해진 성공의 틀 안에 자신을 맞추기 위해 노력하지만, 그 과정에서 자신을 잃어버린다. 이 책은 독자들에게 이렇게 말하고자 한다. "너는 남들과 달라도 괜찮다. 네 길은 달라도, 그것이 길이 아니라는 뜻은 아니다."

BewhY는 한국 힙합씬에서 독특한 자신만의 길을 개척해 온 뮤지션이다. 그는 "나는 Uno, 내 팀 Uno"라고 노래하며, 유행을 따르지 않고 자신만의 색을 지키는 것의 가치를 강조해 왔다. 그의 가사 속에는 '남들이 정해 놓은 삶이 아닌, 내가 원하는 삶을 산다'는 신념이 담겨 있다. 이는 단순한 독창성을 넘어, 진짜 나로 살아가기 위한 용기의 메시지다.

한국 사회는 여전히 '정답 있는 삶'을 강요한다. 그러나 모두가 비행기가 될 필요는 없다. 누군가는 오토바이처럼, 땅 위에서 자신의 속도로 달려야 할 존재다. "나도 날고 싶어"라는 외침 속에서 "얘야, 너는 오토바이잖아"라는 대답은 위로이자 깨달음이다. 다르다는 것은 잘못이 아니라, 존재의 고유성이다.

따라서 이 책은 독자에게 이렇게 말한다.
"남의 인생을 살 필요는 없습니다. 당신의 길은 다르지만, 그것은 길이 아닐 수 없다는 뜻은 아닙니다."

개성은 나만의 길을 찾는 것, 그리고 그 길 위에서 스스로를 잃지 않는 것이다.

7

신뢰의 숨

자살은 신뢰가 무너져
생의 의미마저 사라진 자리에서,
삶의 끈을 놓아버리는 고통의 외침이다.

'T'는 제주도에 사는 30대 초반의 한국 남성 경찰관이다. 고요한 섬의 바닷바람과는 다르게, 그의 내면은 오랜 시간 갈등과 불신으로 뒤얽혀 있다. 학창 시절, 그는 반복되는 학교 폭력과 괴롭힘의 피해자였다. 교사들은 그를 보호해 주기보다 체면과 학교 시스템을 유지하는 데만 급급했고, 그는 결국 학교라는 구조 자체에 대한 깊은 배신감을 품게 되었다.

그는 더 이상 자신과 같은 사람을 만들지 않겠다는 일념으로 무술을 배우기 시작했고, 결국 경찰이 되었다. 정의를 세우겠다는 의지로 시작한 일이었지만, 현실은 달랐다. 부패와 방관이 만연한 조직 속에서 그는 점점 무력함을 느꼈고, 자신이 지키고 싶었던 가치는 점차 희미해져 갔다. 어느새 그는 '신뢰할 수 없는 시스템'의 일부가 되어 있었고, 그 사실은 자기를 향한 신뢰마저 잃게 만들었다.

최근 그는 소속 부서의 내부 비리 사건을 알게 되었고, 고위 간부들로부터 은폐를 종용받고 있다. 진실을 알릴 경우 조직 전체가 흔들릴 것이고, 그 파장은 고스란히 그에게 돌아올 것이다. 침묵하면 살아남을 수 있지만, 진실을 말하면 모든 책임이 자신에게 전가될 가능성이 크다. 가족도 없고, 외롭게 살아온 그의 삶에서 지금껏 쌓아온 명예와 직업마저 사라질지 모른다는 공포는 그를 깊은 절망으로 몰아넣는다.

그날, 그는 근무 도중 제주의 바닷가 절벽 근처 카페로 향했다. 담담한 얼굴로 커피를 마시며, 잠시 후 스스로를 바다로 던질 수 있을 거라는 생각에 빠졌다. 아무도 자신을 기억하지 않을 것 같았고, 조용히 사라지는 것이 오히려 모두를 위한 일이라고 여겼다.

말하지 않는 바다 앞에서

바다는 오늘도 말이 없었다.
절벽 아래로 이어지는 회색의 수평선,
그 위를 지나가는 바람만이 그의 얼굴을 스쳐갔다.

T는 두 손으로 머그잔을 감싸 쥐고 있었다.
식은 커피. 그러나 온기는 조금 남아 있었다.
그는 마시지 않았다.
마시려는 마음도 없었다.
그저 무엇인가를 붙들고 싶다는 무의식이,
그 잔을 놓지 못하게 하고 있었다.

테이블 아래로 미세하게 떨리는 손.
눈에 띄지 않을 정도의 떨림.
그러나 그 떨림은,
그가 지금 살아 있다는 유일한 증거처럼 느껴졌다.

그는 알고 있었다.
자신이 더 이상 어떤 것도 지킬 수 없다는 것을.
무너지는 것을 지켜보는 일이

자신이 할 수 있는 거의 유일한 일이 되어버렸다는 것을.

스무 살 무렵, 그는 달렸다.
정의라는 단어는 그의 어깨에 얹힌 무게였고,
그 무게로 그는 버티었다.
무술을 배웠고, 경찰이 되었다.
누군가를 지킬 수 있으리라는 희망으로.

그러나 그 시간이 길어질수록,
그는 지키는 자가 아니라
지워내는 자가 되어 있었다.
침묵, 회피, 묵인.

불신은 시스템으로부터 오지 않았다.
자신으로부터 왔다.
자신을 신뢰하지 못하는 사람은
어떤 정의도 품을 수 없다는 것을
그는 이제야 조금 이해하고 있었다.

그는 요즘, 조직 내부의 비리를 알게 되었다.
입을 열면 무너질 것들이 있었고,
입을 닫으면 무너질 자신이 있었다.

그는 어느 쪽도 믿지 못했다.
그리고, 어느 쪽에도 속하지 못했다.

그날 오후, 그는 제주의 외딴 카페에 있었다.
절벽이 내려다보이는 창가.
파도는 조용히 무너지고 있었다.
무너짐이란, 소리를 내지 않아도
충분히 아프다는 것을
그는 그날 깨달았다.

그때였다.
등 뒤에서 작은 대화가 들려왔다.

"그 책 봤어? 작별하지 않는다."

그는 고개를 돌리지 않았다.
하지만 그 제목은,
자신을 정면으로 응시하는 시선 같았다.

"한강 책이지. 4·3 사건 이야기.
무서운데, 너무 조용해서 더 무서워.
근데 그 말이 아직도 남아.

'우리가 끝내 이별하지 않는 이유.'"

그 말은, 바람보다 먼저 그의 가슴에 닿았다.
그는 그 책을 읽은 적 없었지만,
그 제목은 오래전부터 자신의 이름처럼
자신 안 어딘가에 놓여 있었던 것 같았다.

작별하지 않는다.
그는 신뢰하지 못했고,
사랑하지 못했고,
결국 자신으로부터도 떠났다.
그러나 어쩌면,
떠났다고 생각한 모든 것들이
그를 떠나지 않았는지도 모른다.

"신뢰는 부서지기 쉽지만,
다시 쌓을 수 있다고 하더라.
살아남는 건 결국,
그 믿음을 단 한 줄이라도 붙잡는 사람들이래."

그 말은
바닷속 깊은 어둠 속에서

누군가 그의 손목을 조용히 붙잡는 느낌이었다.
가르치려는 것이 아니었다.
그저, 같이 있겠다는 속삭임이었다.

그는 자리에서 일어났다.
커피는 마시지 않았다.
하지만 더 이상 마시지 않아도 되었다.
이미 무언가를 마신 듯,
목구멍 어딘가가 따뜻했다.

그날 밤,
그는 《작별하지 않는다》를 검색했고,
책을 주문했다.

아직 완전히 신뢰할 수 없었다.
그러나 이제,
신뢰라는 단어를 처음으로
자신에게 조심스레 말해볼 준비는 되어 있었다.

그리고
조용히 떠오른 가사 한 줄.

**"내가 나 자신을 믿을 수 없을 때도,
나는 그분을 믿는다."**

그 문장이
입 안에서 천천히 녹아들었다.
입술 안쪽이 따뜻했다.

그는 묻지 않았다.
대신 스스로에게 이렇게 속삭였다.

"정말, 다시 시작할 수 있을까?"

그리고
그 질문은
오랜만에
'살아 있다'는 감각을
그에게 되돌려주었다.

**그날, 바람이 있었다.
그리고 그 바람은,
말없이 그를 붙잡고 있었다.**

신뢰의 숲

그날,
나는 믿었다.
완전해서가 아니라,
부서져 있었기 때문에.

그날,
나는 말하지 않았다.
하지만 내 안의 침묵이
말보다 먼저
진실을 써 내려갔다.

그날,
나는 다시 걷기 시작했다.
작고 조용한 믿음을
발밑에 깔고.

그는 자리에서 일어났다

그는 자리에서 일어났다.

마치 모든 것이 예정된 것처럼 조용히 문을 나섰다.
바람이 여전히 불고 있었다.

그는 파출소로 돌아와 책상에 앉았다.
손은 여전히 떨리고 있었지만, 이번엔 그 손으로 서류를 펼쳤다.

내부 고발서.
거기엔 진실이 있었고, 두려움도 있었고,
그러나 가장 깊은 곳엔 조용한 '믿음'이 깃들기 시작했다.

"신뢰는 단 한 사람에게서 시작된다."

그는 자신의 이름을 마지막 줄에 적었다.
그리고 종이 위에 눌러쓴 그 글자는,
살아 있다는 증거가 되었다.

삶의 단편들

1
오늘은 꼭 오고야 만다
어둠과 싸우지 않는
그냥 존재함으로
어둠을 물리치는
빛의 밝아옴으로
오늘이 다시 왔다

2
어제 밤에는
이름도 없이, 대가도 없이
나를 지켜주었지만
나의 천사는
빛과 같이, 안개같이
사라져 갔다

날아갔을까?
녹아 없어졌을까?

3
오늘이 왔다
크리스마스 캐럴이
매일 들리는
그런 속도의 나날들
더 많은 시간이 필요하리라

모든 것이 정지되고
삶이 정돈될 때
더 많은 시간이
오늘 필요하리라

죽음은 아직 도착하지 않았다

죽음은 아직 도착하지 않았다.

그 문장을, T는 알게 되었다.
그는 절벽 끝에서 뛰지 않았다.
대신, 조용히 책상 앞에 앉아 써 내려갔다.

그가 쓴 것은 고백이 아니라,
살아 있겠다는 문장이었다.

신뢰는 위태롭다.
무너지기 쉽고, 지키기 어렵다.
그러나 키르케고르는 말했다.
"신뢰는 어렵지만, 치유의 기초다."

상처 입은 자가 다시 삶으로 걸어 들어갈 수 있는 유일한 문,
그것이 신뢰였다.

T는 비로소 그 문턱에 도달한 것이었다.
부서진 것들 사이로 피어나는 삶의 조각들.

그 조각들을 조심스럽게 붙잡으며,
그는 자신을 다시 믿기 시작했다.
한강의 문장이 머릿속을 맴돌았다.

"죽지 마. 죽지 말아요."

그 말은 누군가를 향한 절박한 외침이었고,
동시에 오늘의 당신에게 건네는 속삭임이기도 했다.

그 말이,
벼랑 끝에서
당신을 붙잡아 주기를.
다시 신뢰할 수 없다고 느끼는 그 순간에도,
작은 숨 하나가 당신의 생을 지켜주기를.

죽음은 아직 도착하지 않았다.
그리고,
살아 있음은 아직 끝나지 않았다.

Trust

'신뢰'는 삶을 지탱하는 가장 본질적인 힘 중 하나이다. 키르케고르는 "신뢰는 어렵지만, 치유의 기초"라고 말한다. 절망 속에서 살아남기 위해서는, 삶과 타인, 그리고 자기 자신 너머의 무언가를 믿는 용기가 필요하다. 하지만 많은 자살 충동을 겪는 이들은 국가나 사회 시스템, 혹은 인간관계로부터 깊은 배신을 경험하며 신뢰를 잃는다. 이 책은 그들에게 말한다 — 신뢰는 비록 부서지기 쉽고 느리게 회복되지만, 회복할 가치가 충분하다고.

비와이의 가사에도 이 주제가 자주 등장한다. "나는 나를 믿지 못할 때도 주님을 믿는다"는 그의 고백은, 신뢰가 자기 확신에서 비롯되는 것이 아니라, 넘어질 때마다 다시 붙잡을 수 있는 믿음의 끈임을 보여준다. 한강의 『작별하지 않는다』과 같은 작품에서 상처 입은 존재들이 신뢰를 다시 회복하려는 과정을 섬세하게 묘사한다. 특히 국가 폭력으로 무참히 깨진 신뢰를 딛고도 연결을 포기하지 않는 인간의 힘을 말한다.

우리가 살아가는 과정에서 신뢰는 단순한 관계의 문제가 아니다. 그것은 존재의 기본적인 회복이다. 배신과 외로움의 무게에 짓눌린 이들에게, 다시 믿어보라는 말은 때로 무책임해 보일 수 있다. 그러나 이 책은 아주 작게 시작하자고 말한다 ― 단 한 사람, 단 하나의 문장, 혹은 단 한 줄의 음악. 그것이 새로운 길이 될 수 있다고.

비와이는 "네가 있는 곳 어디든 영원히 비와"라고 노래한다. 그 말은, 절망 속에서도 끝까지 함께하겠다는 신뢰의 표현이다. "Lord 그의 힘이 내가 될 수 있기를 원해"라는 가사는, 우리가 신뢰의 뿌리를 다시 내리기 위해 기댈 수 있는 존재가 있다는 희망이다.

마지막으로, 독자들에게 이렇게 말하고 싶다. 당신은 혼자가 아니다. 신뢰는 부서졌더라도, 다시 쌓아 올릴 수 있다. 비록 아주 작은 벽돌 하나부터 시작하더라도. 삶은 여전히, 신뢰 속에서 다시 살아갈 수 있다. 그리고 살아내야 한다.